GABRIELE BEYER

FAMILIEN, SYSTEME
UND
ANDERE UNWÄGBARKEITEN

HANDBUCH ZUM SYSTEMSTELLEN

FÜR FORTGESCHRITTENE

Herstellung und Verlag: BoD – Books on Demand, Norderstedt,
Germany

ISBN: 978-3-7504-9090-1

Bibliografische Information der Deutschen Nationalbibliothek:
Die Deutsche Nationalbibliothek verzeichnet diese Publikation in der
Deutschen Nationalbibliografie; detaillierte bibliografische Daten
sind im Internet über http://dnb.d-nb.de abrufbar.

Achte auf Deine Gedanken, denn sie werden Worte.

Achte auf Deine Worte, denn sie werden Handlungen.

Achte auf Deine Handlungen, denn sie werden Gewohnheiten.

Achte auf Deine Gewohnheiten, denn sie werden Dein Charakter.

Achte auf Deinen Charakter, denn er wird Dein Schicksal.

TALMUD

DANKE

Ich bedanke mich bei meiner Herkunftsfamilie, meinen Eltern und Geschwistern und meinen Ahnen ohne die ich nicht die Person werden konnte die ich heute bin.

Ich bedanke mich bei meiner Wahlfamilie, den Menschen die mir das ein oder andere Mal Vater, Bruder, Schwester, Zwilling oder andere Verwandtschaft sind und mich sehen und annehmen ohne emotionale Vorbelastung. Ich möchte mich auch bei meinen Kindern bedanken, die mich Erfahrungen haben machen lassen, und immer noch machen, die so glaube ich nur im Eltern Sein erfahrbar sind.

Ich möchte mich bei meinen Lehrern bedanken, den Menschen denen ich begegnen durfte und über mich hinaus wachsen durfte. Ob es Begegnungen über längere Zeiträume oder Begegnungen ganz kurzer Natur waren oder auch sind, all das hat mich geprägt und mir Wachstum erlaubt.

Ich möchte mich bei allen schmerzhaften Erfahrungen bedanken, denn sie haben mir erlaubt, mich zu erfahren.

Ich möchte mich für die Liebe bedanken, die in Form von tiefgreifenden Begegnungen, und schlussendlich in der Begegnung mit meinem Mann bis heute mein Leben bereichert.

WAS DICH ERWARTET

VORWORT

Mir fallen in letzter Zeit zu passenden und unpassenden Gelegenheiten Sprüche, Zitate und Lieder ein. Bei dem Gedanken daran dieses
Vorwort zu schreiben, kam mir der Satz: „Das kann ich nicht erklären,
dass ist so ein Gefühl." in den Sinn. Für den Fall, dass Sie sich bereits
vor dem Kauf dieses Buches mit dem STELLEN beschäftigt haben,
wissen Sie was ich meine. Ich verwende STELLEN hier synonym für
alle Varianten des Familienstellens, Systemstellens und der Struktur-
aufstellungen.

Falls dieses Buch Sie gefunden hat, werden Sie nach der Lektüre einen
Eindruck haben, was ich meine. Wobei, dass mit diesem Fühlen ja so
einc Sache ist, gerade für mich als Mann. Im Allgemeinen werden
Männern ja eher die Gefühle Hunger, Dursl und Lust zu gcschrieben.
Ich behaupte Mal, dass die Bandbreite meiner Gefühle etwas größer
war und doch hat mir Gabriele (heute Beyer, denn wir sind verhei-
ratet) bei meinem ersten Familienstellen mit Ihrer persönlichen Art
des STELLEN eine neue und sehr andere Perspektive auf das Thema
Gefühle und fühlen ermöglicht.

Nachdem Sie das erste Mal mit Ihrer Angst Seite an Seite den nächsten
Schritt in Richtung Ihrer Ziele und Träume gemacht haben, um sich

anschließend mit Ihren Zielen und Träumen in den Armen zu legen, können Sie mein Erstaunen nachempfinden. Die Profis unter Ihnen erinnern sich an dieser Stelle vielleicht an Ihren ersten glücklichen Klienten. Dabei bin ich die ersten 33 Jahren gut mit dem zu Recht gekommen, was meine Frau als reinen Kopfmenschen bezeichnet. Typische Fragen: „Wo steht das?" „Wer sagt das?" und später „Welche Studien gibt es dazu?" Und dann kam, dieses STELLEN.

Menschen versammeln sich an einem Ort, um gemeinsam zu wachsen. „Einer für Alle, Alle für Einen." Der Leiter einer Aufstellung bietet in der Regel Termin, Raum und seine Zeit. Die Aufsteller und Statisten stellen sich zur Verfügung und am Ende ist jeder der Anwesenden ein Stück gewachsen. Gabriele schafft es mit Ihrer unbeirrbaren Intuition den Klienten bei seiner Veränderung zu begleiten. Dabei setzt Sie stets zum richtigen Zeitpunkt den richtigen Impuls und sorgt für die notwendige Dynamik hin zur Veränderung. Das Ganze wirkt fast wir Zauberei und vielleicht die treffendste Beschreibung für einen Kopf-Menschen, wobei es frei von Taschenspieler-Tricks ist. Die Veränderung vieler Klienten lässt sich gut mit „Wunder gibt es immer wieder..." beschreiben.

Gabrieles persönlicher Stil und Ihre Idee vom Familienstellen hat sich in vielen Jahren und der Praxis von mehr als 100 Aufstellungen pro Jahr entwickelt. Ihren zahlreichen Klienten hilft dieser Stil eine neue Perspektive zu erhalten und für viele ist dies der Wendepunkt für mehr Lebensqualität. Voraussetzung die Klienten entscheiden sich anders, handeln anders und leben anders. Denn dies kann Ihnen kein STELLEN abnehmen. Es bleibt ein erster Schritt.

Alles was wichtig ist für Ihre nächsten Schritte im Bereich des STELLEN finden Sie in diesem Buch.

Ein Buch ist kein Ersatz für das eigene Erleben und gleichzeitig hoffe ich, dass das Buch Ihr Interesse weckt, Ihnen neue Impulse bietet und Sie vielleicht dazu verleitet einmal bei den Terminen zum offenen Familienstellen in Berlin oder Zürich vorbei zu fühlen.

Bleiben Sie die Beste Version von Sich, die sie seien können und viel

Freude beim schmöckern.

Zum Ende starke Worte eines starken Mannes:

„Sie können zugeben, dass Sie es nicht allein schaffen. Ich schaffe es nicht allein. Niemand schafft das."

ARNOLD SCHWARZENEGGER
IM VORWORT ZU TIM FERRIS TOOLS OF THE TITANS.

Tim Beyer

EINLEITUNG

In den ersten vierzig Jahren meines Lebens habe ich rückblickend versucht, das Familiensystem meiner Eltern nachzuleben. Ich übernahm die meisten Werte, Vorstellungen und Glaubenssätze, mit denen ich in meiner Familie (Herkunftssystem) geprägt wurde.

Und obwohl es für meine Eltern ein für sie funktionierendes Familiensystem war, war es kein passendes System für mich. Ich habe etwas gelebt, was nicht meins war, und das machte mich krank. Ich wurde immer unglücklicher, immer kränklicher und mein alltägliches Leben ergab für mich keinen Sinn mehr. Ich habe gelitten.

Weil ich litt, begab ich mich auf die Suche, ich wollte etwas verändern, auch wenn Veränderungen mir unglaublich viel Angst machten. Genau in dieser Zeit begegnete ich Familienstellen zum ersten Mal.

Meine eigene Geschichte ist inzwischen mit dem Thema Familienstellen und dem Stellen von anderen Systemen so sehr mit meinem Leben verwoben wie kaum etwas anderes. Ich bin dem Familienstellen zu einem Zeitpunkt in meinem Leben begegnet, als das alte Verhalten nicht mehr passte und ich noch keine Ahnung davon hatte, wohin mich der Weg führen würde.

Heute glaube ich Familienstellen war meine Initialzündung, meinen eigenen Weg zu finden. Ich konnte durch das Familienstellen lernen, warum und weshalb meine Eltern und Vorfahren so handelten, wie sie handelten. Für mich fand ich die Ressourcen, es anders, sinnbringender zu gestalten. Heute gestalte ich mein Leben selbst und bin nicht mehr den Prägungen und Glaubenssystemen meiner Herkunft ausgeliefert.

Bei allen Erkenntnissen bleibt mir bis heute die emotionale Vorbelastung. Das sind immer noch und bleiben meine Eltern, meine Herkunft. Diese Herkunft gilt es anzuerkennen. Mein gelebter Unterschied zu damals ist lediglich, heute kann ich mein Herkunftssystem, meine Wurzeln achten, und meinen Weg davon weitgehend unabhängig selbstgestalterisch gehen.

Mir hat das Familienstellen geholfen, mein Familiensystem besser zu verstehen. Vorgänge in meiner Familie sind für mich durch das Familienstellen erkennbar geworden.

Vielleicht hilft dieses Buch auch Ihnen dabei, ihr Familiensystem besser nachzuvollziehen.

Ich möchte den Leser einladen von meinen Erfahrungen zu profitieren und den einen oder anderen Ansatz zu testen.

Ich nutze dieses Buch dazu, um die Entstehung von Ideen anzuregen und Gedankenspiele zu konstruieren. Ich erzähle von meinen Erfahrungen und verzichte daher in weiten Teilen des Buches auf detaillierte Quellen, Untersuchungen, Statistiken, Studiennachweise oder ähnliche wissenschaftliche Dokumentationen.

Ich distanziere mich von jedem Dogma. Dogma bedeutet für mich: Es geht nur so, es geht nicht anders.

Ich bin der Meinung, dass wir Individuen sind, die alle ihre eigene für sich klare oder unklare Wahrheit leben. Dieses Buch ist ein Teil meiner Wahrheit. Deshalb fehlt es in den Kapiteln mit meinen Erfahrungen auch an Quellennachweisen.

In meinen Aufstellungen kommen in der Regel mehr Frauen als Männer vor, daher habe ich mich entschlossen, in weiten Teilen meines Buches von der Klientin zu reden.

ÜBER MICH – GABRIELE BEYER

Ich bin beim Schreiben dieses Buches 53 Jahre alt und Mutter von inzwischen vier erwachsenen Kindern.

Geboren wurde ich in einer Familie mit – „so ein Zufall" – ebenfalls vier Kindern.

Ich bekleide die Position als „Mittlere", ich bin das dritte Kind, das zweite Mädchen von zwei Jungen und zwei Mädchen.

Meine Herkunftsfamilie war ein konservatives Familiensystem, mein Vater machte zwei Ausbildungen, um sich dann bis ins höhere Management hochzuarbeiten.

In den Erfahrungen, die ich mit Systemen und deren ganz eigenen Gesetzen gemacht habe, bedeutete dieser Ausstieg meines Vaters aus der einfachen Struktur seines Elternhauses eine enorme Kraftanstrengung. In vielen Fällen bildete sich daraus beim systemischen Stellen der Herkunftsfamilie gegenüber das Gefühl des Verrats oder der Minderwertigkeit. Oft auch der permanente Versuch, jemandem etwas beweisen zu wollen.

Ich durfte die Erfahrung, allen etwas beweisen zu müssen, in späteren Jahren selbst auch machen, es war zeitweise sehr anstrengend und hat mich viel Kraft gekostet, da es, wie ich es als Kind wahrgenommen habe, bei meinem Vater eher ein „Ich zeig oder beweise es euch!", also nach außen gewandt als eine gewollte Entscheidung für mich war.

Aus meiner Kindersicht war mein Vater nie da. Er hatte immer, auch durch meine Mutter verstärkt, eine besondere Position. Mit ihm wurde zum Beispiel durch meine Mutter gedroht: „Warte, wenn der Papa nachher nach Hause kommt!" Wir hörten am Sonntag am Tisch hin, wenn er sprach. Ich blickte auf zu meinem Vater und wollte von ihm gesehen werden. Ich hatte schon sehr früh dieses Gefühl, gesehen werden zu wollen und dass es irgendwie nie ganz ausreicht, egal was ich anstellte, mich ohne Leistung gesehen und gewollt zu fühlen.

Meinen Vater erlebte ich als jemanden, der den Wunsch hatte auszubrechen. Ich glaube, er mochte nie einengende Strukturen. Zumindestens keine im beruflichen Umfeld.

Meine Mutter hat eine Ausbildung im Einzelhandel gemacht, um sich dann dem Leben als Mutter, Hausfrau und Ehefrau zu widmen.

Die Erlebnisse der Nachkriegszeit und die Flucht aus ihrem Heimatort prägten meine Mutter stark. Nur die Dinge zu besitzen, die sie am Leib trug, die ständige Verfolgung und die Angst vor dem nächsten Angriff müssen sich furcherregend angefühlt haben. In späteren Jahren hat meine Mutter immer noch Seifenreste gesammelt, um für die Not gewappnet zu sein. Essen gab es nur rationiert. In späteren Jahren, als ich jung war, hat sie den erarbeiteten Wohlstand wirklich genießen können.

Diesen Genuss der Dinge habe ich sehr unkontrolliert übernommen, denn ich selbst habe ja in jungen Jahren nie Not erlebt.

Mir war es mit dem Hintergrund, dass es mir nie an wesentlichen Dingen gemangelt hat, die meiste Zeit eher peinlich und es fehlte mir jegliches Verständnis als Kind für das Verhalten meiner Mutter. Ich wollte keine altbackene funktionale Kleidung tragen, die 20 Jahre halten würde. Ich wollte „in" sein, ich wollte dazugehören. T-Shirts zerschneiden und ein Peace daraufmalen. Das auf Werte Schaffen ausgerichtete Verhalten und die Sparsamkeit habe ich abgelehnt. Ich wollte großzügig leben und so war ein Teil meiner Auflehnung wohl auch, in vielen Jahren meines Lebens eher verschwenderisch zu agieren. Ich fühlte mich eingeengt in der für mich kleinkarierten Welt meiner Eltern.

Beide sind geprägt durch die sogenannte Nachkriegsgeneration, die es schaffte, in Disziplin und Engagement aus dem Nichts etwas in viel Fleiß und Eigenleistung zu erschaffen. Auch hat das Schätzen von kleinen Dingen dazu beigetragen, die Dinge beieinander zu halten.

Für mich folgten daraus Glaubenssätze wie: „Hast du nichts, bist du nichts" oder „Ohne Fleiß keinen Preis". Noch Jahre später hatte ich sehr große Schwierigkeiten, irgendetwas loszulassen. Mein Keller stand über Jahre bis an die Decke gestapelt voll mit Gegenständen, die mit „Erinnerungen" längst vergangener Zeiten belegt waren, und machte mich zeitweise völlig unbeweglich.

Das Loslassen habe ich glaube ich erst richtig in meiner zweiten Ehe gelernt.

Meine Mutter und mein Vater haben sich so in vielen Themen gut ergänzen können, meine Mutter hielt alles soweit sie konnte zusammen, mein Vater sprengte die Grenzen und ermöglichte damit zumindestens in beruflicher und finanzieller Hinsicht die Beweglichkeit.

Meine Kindheit hat meine Vorstellungen, ich nenne es mal „Waltonssyndrom" (das war eine amerikanische Familienserie, die von 1972 bis 1981 ausgestrahlt wurde, in der die Welt einfach in Ordnung war), geprägt.

Das sah bei uns dann so aus, dass es keine lauten Auseinandersetzungen gab, alles wurde ausdiskutiert. In jungen Jahren bekam mein Vater das größte Stück Fleisch, da er der Versorger der Familie war. Die Mädchen mussten im Haushalt helfen, die Jungen wurden zur Bildung und Abitur gedrängt.

Ich erinnere mich noch gut daran, dass mich das furchtbar aufregte. Mit neun Jahren packte ich nach einem Wutanfall mein Körbchen und bin davongelaufen. Es war für mich damals der einzige Ausweg, bei so viel Hilflosigkeit gegenüber einem so ungerechten System. Wie weit ich gekommen bin? Gerade mal um den Block. Ich musste dann resigniert feststellen, dass ich nicht wusste, wohin. Also gab ich auf. Und trat den Weg zurück an, um mich wieder einzufügen. Auch später versuchte ich auszubrechen. Doch die Erfahrung der Neunjährigen wiederholte sich und es blieben genau das, Versuche.

Ich war anders als meine Eltern, ein offenes und mitteilsames Kind.

Meine Eltern misstrauten ihrer Umwelt und einer der Lieblingssätze meiner Mutter aus dieser Zeit war: „Das geht keinen was an, darüber redet man nicht."

Eine nach außen hin heile Welt, in welcher der Vater die Nr. 1 war. Ein Mann, der durch Fleiß und Neugier immerzu neuen Welten die Tür öffnete, auch wenn er sich für uns Kinder wenig interessierte. Ich hatte das Gefühl, mit offenen Armen dazustehen und nicht beachtet zu werden.

Meine Mutter stand immer hinter meinem Vater und achtete auf die Sicherheit.

Spannenderweise habe ich meinen ersten Mann später glorifiziert vor meinen Kindern. Ich wollte nicht, da er eh nie zu Hause war (wie mein Vater auch), dass die Kinder schlecht von ihm denken oder Angst vor ihm haben. So übernahm ich immer den „strafenden Part" und ließ ihn als Retter dastehen. Später habe ich das mehr als einmal bereut. Es ist doch immer wieder spannend, dass wir glauben, wenn wir das Gegenteil von unseren Eltern machen, wird alles besser. Manchmal ist es eben nur das Gegenteil. Und manchmal ist es genau das Gleiche.

Meine Eltern haben das große Glück, dass sie sich heute noch lieben. So war eine meiner größten Herausforderungen, dieser „heilen" Welt zu entfliehen.

Ich lehnte vor allem früh das patriarchische System ab. Ich glaubte, als Mädchen auch alles sein und werden zu können. Ich glaube, ich habe alles einmal ausprobiert, vom Hippie bis zur Punkerin, und mein Umgang durfte meinen Eltern so manche schlaflose Nacht beschert haben.

Meine ältere Schwester war vernünftiger als ich, also hatte ich keine Chance, als Vernünftige Aufmerksamkeit zu bekommen. Diese Rolle war erfolgreich besetzt. Als Kind habe ich sie für diese Vernunft so manches Mal gehasst. Die Vernünftige wurde in dieser Zeit von meinen Eltern bevorzugt. Ausbrüche meinerseits in andere Rollen wie Punker oder Popper, oder andere Gruppierungen meiner Kindheit, sorgten zwar für Aufmerksamkeit. Anerkennung konnte ich so nicht gewinnen.

Mein älterer Bruder war als Junge in den meisten Bereichen von den Eltern bevorzugt. Trotzdem fühlte ich mich wohl bei ihm, da er vieles ausprobierte und mit seiner ruhigen Art konnte ich mir von ihm viele Antworten holen. Ich fühlte mich weniger allein und manchmal auch von ihm gesehen. Ich hatte also einige Mühe, eine Position in der Familie zu finden. Systemisch betrachtet keine Überraschung bei Drittgeborenen. Auch war ich nicht die Jüngste, so musste ich mir etwas für meine Aufmerksamkeit einfallen lassen. Ich glaube, ich war so ziemlich alles mal, habe alles mal ausprobiert und auch nichts wirklich zu Ende gemacht. Es hatte allerdings den Effekt, meine Kreativität sehr zu fördern, von dem Ideenreichtum profitiere ich noch heute. Auch hat es mich in unterschiedliche Glaubenssysteme schauen lassen, und auch davon profitiere ich noch heute.

Ich war eine gute Schülerin, ich hatte gute Noten, da ich im Unterricht gut aufpasste. Ich versuchte mein Abitur zu machen, besser mich dafür anzumelden, was aber von meinem Vater vereitelt wurde. In seinem Glaubenssystem war es nicht notwendig für eine Frau, Abitur zu machen. Eine gescheite Ausbildung vor der Eheschließung und dann Kinder bekommen, so sollten Frauen in seinem Weltbild sein.

Viele Jahre hatte ich danach immer das Gefühl, irgendwie ausgeliefert zu sein, ob es meinen Eltern gegenüber oder später meinem ersten Mann gegenüber war.

Mit 15 begann ich also mehr oder weniger gezwungenermaßen meine Lehre. Die meisten meiner Freunde gingen weiter zur Schule, machten Abitur und studierten später. Mich dagegen hatte der Arbeitsalltag schnell jeglicher Illusion beraubt, ohne eine Heirat aus dieser Welt ausbrechen zu können. Hinzu kam meine Unfähigkeit, mit Geld umzugehen, und die langen körperlich anstrengenden Arbeitstage.

Es kam, wie es kommen musste, denn es war für mich der einzig ersichtliche Weg in ein anderes Leben. Ich heiratete ziemlich jung meinen besten Freund. Er liebte mich, das wusste ich, und genau wie ich wollte er raus aus dem System seiner Eltern. Ich merkte gar nicht, dass ich mich absolut genauso wie meine Eltern verhielt. So war ich sicheren Fußes in die Fußstapfen des ungeliebten vermeintlich sicheren Systems meiner Eltern getreten. Dabei wollte ich „eigentlich" genau da raus.

Meine Mutter-Ehefrau-Rolle unterschied sich nur durch die Übernahme von Zusatz-Aufgaben (Belastung) von meiner Mutter. Firmengründung, Hausrenovierung, Werbung, Meditationskurse besuchen und später leiten – kein Problem für mich, denn „ohne Fleiß kein Preis". Habe ich ja gelernt.

Die Neugier und Suche nach beruflicher Erfüllung, die sich darin spiegelt, war ein Teil, den ich von meinem Vater übernommen habe.

Nach 15 Jahren folgte der Systembruch, denn die „heile Welt" war keine. Das System meines Mannes, wo die Frau ein anderes Rollenbild einnahm, nämlich Hausfrau, Mutter, immer Funktionierend und vorzugsweise nicht gesehen zu werden, kollabierte mit meinem. Das System meiner Mutter mit der dazugehörigen Rollenbegrenzung von zusammenhaltender, liebender Mutter und Hausfrau erschien mir auch nicht mehr als das meine.

Der Tag allein mit vier Kindern war eine Katastrophe. Dabei den Kindern, meinem Mann, den Erwartungen und mir selbst gerecht zu werden – hoffnungslos. Ich fühlte mich unzulänglich, nicht mehr begehrenswert, körperlich am Ende, völlig überfordert mit der Anzahl der Aufgaben und gleichzeitig geistig völlig unterfordert.

Getreu dem deutschen Motto „Warten bis zur Rente" wurden Urlaub und Reisen auf später verschoben. Wann auch immer dieses „Später" sein mag. Im Mittelpunkt stand, Eigentum anzuhäufen in Form von Immobilien. Natürlich auf Kredit ohne irgendwelche Vorteile, außer den Schulden. Die Vorteile kommen dann später mit der Rente. Ich stand mehr meinen Mann, als dass ich irgendwie in der Lage gewesen wäre, mich als Frau anzulehnen.

Wobei mein damaliger Mann und ich uns auch da wunderbar ergänzten. Denn er hätte damit, dass ich mich hätte anlehnen wollen, zu diesem Zeitpunkt seines Lebens gar nicht umgehen können.

Es folgten Jahre der Kompromisse, mein Körper spiegelte mir auf allen Ebenen ein großes STOP, und doch brauchte ich noch eine Weile, bis ich Verantwortung für mein Leben übernahm.

Ich nahm an, dass ich über den Verstand so manches geregelt bekomme. Dabei entstanden so schöne Sätze wie zum Beispiel: „... das wird schon irgendwie" oder „später wird alles besser", in meinem Fall funktionierte das nur eine Zeitlang.

In dieser Zeit habe ich so manche Selbstfindungskurse im wahrsten Sinne des Wortes hinter mich gebracht – mich in eine Spiritualität geflüchtet, die mich etwas Besonderes sein ließ. Nur morgens musste ich wieder aufstehen, in den Spiegel schauen, durfte meine Schatten erkennen und in meinem Alltag klappte irgendwie nichts mehr so richtig. In der Zeit des Seminars fühlte ich mich super, danach musste ich nur wieder zurück in meinen Alltag. Ich konnte das gute Gefühl nicht mitnehmen.

Ich glaube, ich habe sehr viel Zeit damit verbracht, mich auf die spirituelle Suche zu begeben, weil ich mich dort gut fühlte, gesehen, als etwas Besonderes wahrnehmen konnte.

Ich hatte eine wunderbare Huna-Lehrerin, die, als sie mir begegnet ist, noch Versicherungen verkauft hat. Bei ihrer ersten Meditation sollten wir den Schmuck ausziehen und die Augen schließen. Ich glaube, am Anfang habe ich nur ein Auge geschlossen und mit dem zweiten geschaut, ob sie den Schmuck klaut. Vertrauen hatte ich zu der Zeit eher in materielle Dinge.

Doch ich lernte schnell eine neue Welt kennen, als müsste ich mich nur erinnern.

Und ich erinnerte mich, erinnerte mich an frühere Leben, an viele Energien, die mich mich selbst spüren ließen und eine Ahnung davon entstehen ließen, wie sich Eins-Sein anfühlt. Es war eine sehr experimentelle Zeit, eine Zeit der Rückführungen, der spirituellen Experimente. Und irgendwie auch eine Zeit der „Zufälle". Denn passend zu den Rückführungen und meditativen Erfahrungen begegneten mir Menschen, die ich wiedererkannte und die mich wieder ein Stück mehr mit mir selbst verbunden haben. Ich glaube, ich habe in den Jahren fast meine ganze, ich würde es heute Wahlfamilie nennen, wiedergefunden.

Zeitweise gelang es mir, ganz im Jetzt zu sein, und doch war es ein Zu-Sein, denn ein Teil von mir, der Mensch in mir blieb verschlossen.

Ich konnte die Welt der Meditation, den spirituellen Teil in mir, nicht mit dem realen Leben als Hausfrau, Ehefrau und Mutter verbinden.

Es war, als lebte ich in zwei unterschiedlichen Systemen. Morgens Hausfrau – abends erleuchtet, nur halt außerhalb von Mann und Kindern.

In der Zeit während der Meditationsgruppen war ich vollkommen zufrieden.

In der Zeit danach fühlte ich mich mehr und mehr unzufrieden.

Am Anfang schaffte ich es noch, mir alle Gefühle, die im alltäglichen Leben fehlten, in der Meditation zu erleben. Doch mit der Zeit reichte es immer weniger zur Kompensation der anderen Zeitabschnitte.

Das führte wiederum zu einem Suchtverhalten, einem Immer-mehr-davon-haben-Wollen.

In der einen spirituellen Welt habe ich mich erfahren, ich war ganz, hatte alle Macht der Welt. Theoretisch hätte ich damit meine Welt verändern können, ausbrechen können, glücklich in allen Lebenslagen sein können, ich habe es nur nicht in meinen Alltag übertragen.

Ich konnte mich wahrnehmen, etwas Besseres sein als der Mensch, die Mutter, die Ehefrau, die ich im realen Alltag war. Erst Jahrzehnte später erkannte ich, dass Ganzsein beides bedarf: Spiritualität und Mensch leben.

Heute bedeutet das Ganzsein für mich, alle Anteile von mir zur Verfügung zu haben, den spirituellen Anteil genauso wie den kognitiven und den emotionalen Anteil.

Keine dieser Erfahrungen möchte ich heute missen, denn sie verhelfen mir andere Welten zu be„greifen".

Der größte Unterschied zu damals ist wohl, dass ich mir heute erlaube, etwas Besonderes zu sein, und nichts Besseres mehr sein muss.

Wie der berühmte „Zufall" es wollte, war eines dieser Selbstfindungsseminare oder Wochenendseminare ein Kurs im Familienstellen.

Ich stellte mich und meinen Mann auf. Auf der Stellfläche konnte ich meinem Mann nicht gegenübertreten und ihm sagen, dass ich ihn liebe. Er dagegen konnte es ohne Schwierigkeiten. Es verging ein ganzes Jahr, in dem ich an mir arbeitete, denn ich war nun davon überzeugt: „Es liegt an mir." Ich fühlte mich wieder einmal unzulänglich und ausgeliefert. Erst ein Jahr später, ohne dass sich in meinem Alltag meinem Mann gegenüber irgendetwas geändert hatte, fasste ich den Entschluss, erneut aufzustellen.

In dieser Zeit versuchte ich die Liebe erneut zu lernen. Irgendwie wollte es nur nicht klappen. Es fühlte sich nie richtig an. Also ging ich erneut auf so ein Wochenende und wusste bis zum dritten Tag nicht so recht, was ich aufstellen sollte.

Ein Teilnehmer wählte mich dann als Statist für die Rolle der Weiblichkeit.

Auf dieser Aufstellung habe ich bemerkt, wie etwas in mir zu leuchten anfing. Ich hatte einen längst verlorenen Anteil von mir wiedergefunden. Dann wusste ich, was ich aufstellen wollte: meine Weiblichkeit. Ich nutzte die Gelegenheit, mich mit meiner Weiblichkeit zu vereinigen. Was für ein Erlebnis, was für ein Gefühl – weiblich und vollkommen.

Dann kam mein damaliger Mann hinzu und es passierte etwas wirklich Spannendes. Er wich vor mir zurück und meinte, dass ich gerne ohne das Ding da im Rücken kommen könnte, damit meinte er meine Weiblichkeit. Aber so mit ihr nicht. Weiblichkeit und Ich, das hat ihn zutiefst verunsichert. Und ich erkannte, dass, wenn ich den Weg mit der Weiblichkeit gehen würde, er den Weg nicht teilen konnte. Weiblichkeit war für ihn, wie auch für mich viele Jahre, gleichzusetzen mit Schwäche.

Im Nachhinein betrachtet war das wohl meine Initiation als Familienaufstellerin.

Erst Jahre später, nach unserer Trennung, habe ich ihn mal gefragt, ob er mich nicht auch mit meiner Weiblichkeit hätte annehmen können. Er meinte, er könnte es möglicherweise mit seiner neuen Partnerin, mit mir damals nicht. Unsere Rollen waren klar verteilt, dass ich nun in die Weiblichkeit wollte, konnte er nicht akzeptieren, vielleicht machte es ihm auch Angst, denn seine Männlichkeit wäre dabei womöglich auch überprüft worden, aber das ist im Nachhinein eher Interpretation.

Aus meiner Interpretation heute entsprach ich dem Rollenbild seiner eigenen Mutter.

Im Gegensatz zu meiner Mutter, sie fühlte sich mit dem Teil der Weiblichkeit, den sie als Mutter ausleben konnte, vollständig befriedigt. Sie wollte für jedes ihrer Kinder ein Haus ansparen. Das war zumindestens nach ihrer Aussage ihr größtes Ziel.

Dass sie selbst ein großes Problem mit Loslassen hat und gar nicht in der Lage wäre, jemals eins ihrer Häuser einfach an ein Kind abzugeben, begriff ich erst viel später.

Meine Schwiegermutter, aus deren System ja mein Mann kam, lebte auch einen großen, für mich wichtig gewordenen Teil ihrer Weiblichkeit nicht, musste eher immer ihren Mann stehen, sonst wäre ihre Wertigkeit sehr in Frage gestellt worden. Vielleicht habe ich mich deshalb auch mit ihr so gut verstanden. Gleich und Gleich gesellt sich gern.

So habe ich dann irgendwann doch gemerkt, dass es nicht wirklich hilfreich ist, wenn sich nur einer von einem Paar verändert. Ich bin nach wie vor davon überzeugt, dass es wichtig ist, an einer Beziehung zu arbeiten. Doch ich weiß heute auch, ich kann niemanden verändern, der eine solche Veränderung nicht möchte. Entwicklung, die nur von einem Partner in der Beziehung gelebt wird, macht auf Dauer einsam, in meinem Fall sogar krank.

Es ging mir immer schlechter und ich entschied mich meinen Mann zu verlassen.

Mir begegnete bei der Trennung aus meinem Herkunftssystem so mancher Glaubenssatz, an dem ich schwer zu kämpfen hatte.

Ich will hier nur einige dieser Glaubensätze, die mir auch später oft begegnet sind, nicht unerwähnt lassen:

- Man bleibt zusammen, bis dass der Tod dich scheidet,
- eine Frau mit vier Kindern, die keinen wirklichen Grund hat, verlässt ihren Mann nicht (Ausspruch meiner Mutter),
- wie kann „man" das den Kindern antun? (Ausspruch aus meinem direkten Freundeskreis)

Sieben Jahre folgten, in denen ich mich finden durfte.

Es gab einsame Zeiten, in denen ich am liebsten alles wieder rückgängig gemacht hätte. Die Vergangenheit erschien mir dann geradezu rosig. Gott sei Dank hatte ich wundervolle Freunde, die mich darauf aufmerksam machten, wie es in der Zeit vorher wirklich war, und wenn ich mich dann erinnerte, wusste ich, dass es kein Zurück mehr gab.

Es gab orientierungslose Zeitabschnitte, immer dann, wenn ich mich mal wieder den Umständen, meinen Kindern, meinem alten reparaturbedürftigen Haus und unbezahlten Rechnungen ausgeliefert fühlte. Zeiten, in denen ich keine Ziele hatte.

Im Nachhinein war gerade der Teil meines Lebens wohl der prägendste, was das Arbeiten mit Systemen heute für mich ist.

In diesen Jahren lernte ich viele Werkzeuge kennen, die später in meiner Arbeit ihren festen Platz gefunden haben.

Ich traf tolle und weniger tolle Männer, ich blieb neugierig und experimentierfreudig, ein Teil von mir blieb bis heute eher das „altmodische Mädchen", jetzt aber frei gewählt. Ich glaube, ich fühlte mich, trotz der immer noch heranwachsenden vier Kinder, das erste Mal frei.

Ich hatte genug Zeit, in vielen Bereichen meines Seins neue, passendere Glaubenssätze zu finden.

Finanziell ging es mir nicht so gut, denn ich dachte zu dieser Zeit noch, das Universum achtet schon auf mich. Ich hatte da etwas grundsätzlich missverstanden. Ich dachte, ich könnte mich nur dem Glauben widmen, dann wird schon für mich gesorgt. Finanziell fühlte ich mich hilflos und oft ausgeliefert.

Ich durfte lernen, dass ich für Erfolg meinen Hintern bewegen musste, und als ich das verstand, achtete das Universum auch auf mich.

Kurz gesagt: Ich habe mir ein neues System gebaut, studierte, nutzte nun die Gaben meines Vaters, mich anzuspornen, die Gaben meiner Mutter, alles zusammenzuhalten, um das zu suchen und zu erlangen, was ich wirklich wollte.

Dank Fleiß und Ausdauer praktiziere ich heute in meinem Traumberuf und lasse alle meine Erfahrungen in meine Arbeit einfließen.

Natürlich habe ich auch heute Tage, an denen ich an manchem zweifle oder mich ausgeliefert fühle, doch ich erkenne relativ schnell das dahinterliegende Muster. Das Muster, nicht selbst die Verantwortung zu übernehmen oder wieder einmal keine Ziele zu haben. Heute bin ich in der Lage, das zu verändern.

Als Sahnehäubchen traf ich nach all den Jahren meine große Liebe.

Und das alles war auch passiert durch meine erste Familienaufstellung, ja wirklich.

Die ersten 40 Jahre habe ich wohl das Familien-System und die Werte meiner Eltern nachgelebt, bekam vier Kinder und fügte mich mehr schlecht als recht in das Rollenbild Mutter, Hausfrau und Ehefrau.

Meine erste eigene Aufstellung machte mir das alles bewusst. Mir wurde bewusst, wie wenig ich das gelebt habe, was ich leben wollte. Die zweite Familienaufstellung gab mir die Möglichkeit, meine Welt neu zu erschaffen.

Das Familienstellen hat mein Leben verändert, meine Glaubenssätze in Frage gestellt. Ich würde sogar so weit gehen und behaupten, es hat mein Leben gerettet.

Seit einigen Jahren bilde ich selbst erfolgreich Menschen im Werkzeug Familienstellen aus und bin immer wieder beeindruckt, wie hilfreich dieses Werkzeug ist.

In vielen Genogrammen (siehe Genogramm in Kapitel 1) erkenne ich wiederholt, wie sehr wir mit den Herkunftssystemen verbunden sind und wie schwer wir uns tun, diese zu verlassen, damit wir anfangen können, unsere Zukunft selbst zu gestalten.

Eine Entscheidung ist der Anfang von etwas.
Der Entschluss bringt die Bewegung zur Handlung.
Die Handlung entwickelt sich zu einer gewaltigen Strömung.
Die Strömung reißt uns mit zu einem Ort, den man sich bei dem
Entschluss niemals hätte träumen lassen.

PAULO COELHO (DER ALCHIMIST)

1. FAMILIENSTELLEN

MEINE IDEE VOM FAMILIENSTELLEN

Meine Idee vom Familienstellen ist, dass die Klientin ihr System emotional und kognitiv erfährt und begreift. Dass sie nach der Aufstellungsarbeit in der Lage ist, so in ihrem System zu handeln, wie sie möchte. Das sie Verantwortung für ihr Leben übernimmt. Dass sie ihr System gestaltet oder, wo es weniger gestaltbar ist, selbst wählt und nicht das System sie gestaltet.

Jeder, der Familienstellen anbieten möchte, sollte sich auch über die Verantwortung klar sein, die damit verbunden ist.

Der Aufsteller greift hier aus meiner Sicht in die Gesetze des kollektiven Bewusstseins ein. Dies sollte immer mit dem nötigen Respekt, Demut, Achtsamkeit, Behutsamkeit und Liebe erfolgen. Das höhere Ganze immer im Blick und dabei so wertfrei wie möglich handeln.

Im Familienstellen wird eine neue Fokussierung möglich. Für die Zeit der Aufstellung sind die etablierten Muster und Glaubenssätze der Klientin wertfrei ein Teil des Systems. Im Rahmen der Aufstellung wird Neues emotional spürbar erfahren. Die Klientin spürt oft erstmals, es gibt Alternativen. Neue Bilder, Wünsche und Vorstellungen können entstehen und werden zur Wahlmöglichkeit für die Klientin.

Das schafft neue Perspektiven und Handlungsmöglichkeiten. Wir werden zu Gestaltern unserer Systeme, wir verändern etwas oder es verändert sich etwas im System.

Aus diesem Grund bedarf es der Wertschätzung und Achtsamkeit des Aufstellungsleiters gegenüber der Klientin und ihrem System.

Ich selbst bringe jede angefangene Aufstellung zum Abschluss. Ich übernehme Verantwortung mit dem Auftrag und arbeite so lange, bis der Zielsatz emotional spürbar ausgesprochen werden kann.

BETREUUNG NACH DER AUFSTELLUNG

Ich halte eine Nachsorge oder eine therapeutische Nachbetreuung für ratsam und empfehlenswert. Wenn jemand Familienaufstellung ohne therapeutischen Hintergrund anbietet, ist es ratsam, ein oder zwei Adressen von Therapeuten in der Schublade zu haben. Nach ca. 14 Tagen sollte es ein Angebot über einen kurzen Rückruf oder ein Nachgespräch geben.

Durch die Aufstellungsarbeit können Prägungen, Glaubenssätze, emotionale Verträge, Verletzungen auf körperlicher wie emotionaler Ebene, Systeme und ihre Auswirkungen sichtbar werden. Dies erfordert seitens des Aufstellers Wertfreiheit und Achtung gegenüber der Aufstellerin und ihrem System.

Entscheidend für einen positiven Verlauf ist, dass die Aufstellerin die gemachte Erfahrung und die neuen Glaubenssätze gut in ihr Leben integriert.

Deshalb findet Aufstellungsarbeit bei mir auch als zusätzliches Element im Rahmen einer Psychotherapie oder Beratung statt.

Für mich ist der Termin nach ca. 14 Tagen dafür da zu überprüfen, ohne die alten emotionalen Verletzungen noch einmal aufzuwärmen, wie oder was sich für die Klientin positiv verändert hat.

Nacharbeiten bedeutet für mich auch noch einmal aufzuarbeiten, was während der Aufstellung passiert ist. Das System, in dem die Klientin sich befunden hat, kognitiv noch einmal erfahrbar zu machen und die nun neuen Erfahrungen zu verfestigen oder sogar noch einmal in Frage zu stellen.

Das kann auch im Rahmen eines Beratungsgespräches geschehen. Die Veränderungspunkte werden noch einmal aufgegriffen und mögliche Hilfestellungen bei praktischer Umsetzungsarbeit können noch einmal besprochen werden.

DAS VORGESPRÄCH

1. Störungsquellen ausschalten (Handys, Besucher, Klingel etc.)

2. Vorgespräch mit dem Klienten allein führen

3. Was ist mein eigenes Bewertungskriterium als Aufstellungs-leiterin gegenüber dem System der Klientin?

4. Eigene innere Haltung überprüfen, bevor ich anfange zu arbeiten (kann ich mein Bestes geben?)

5. Genogramm erstellen mit Klientin

6. Mit dem Klienten Ziel formulieren – Positiv – In Gegenwarts-form

   • Mögliche Fragen an die Klientin zur Zielformulierung
   • Was möchtest du am Ende des Stellens für dich erreicht haben?
   • Was ist dann anders, als es jetzt ist?
   • Woran merkst du das?

7. Zielformulierung der Klientin notieren

8. Danken für die Offenheit

DAS GENOGRAMM

WAS IST EIN GENOGRAMM?

Ein Genogramm ist eine grafische Darstellung über die Familienkonstellation oder auch der Abstammung.

Es ist eins meiner wichtigsten Werkzeuge, die ich in der Arbeit verwende.

Mit einem Genogramm werden Verhaltensmuster, beziehungsbestimmende psychologische Faktoren (Sucht – Suche), wiederkehrende Konstellationen (jeder Erstgeborene ist erfolgreich) und z.B. die medizinische Vorgeschichte grafisch auf Papier gebracht. Auch werden dadurch sich innerhalb einer Familie wiederholende Verhaltensweisen erkannt und optisch dargestellt.

WOFÜR BRAUCHE ICH EIN GENOGRAMM?

Oftmals erkenne ich durch das Genogramm, dass das Herkunftssystem dem gelebten System gleicht, es weist sehr viele Parallelen auf.

Im Vorgespräch mit dem Klienten nutze ich dieses Genogramm zur Analyse, um gezielt Fragen zu stellen.

Ich erstelle fast immer ein Genogramm. Einfach um zu schauen, was für eine Struktur finde ich vor.

Es ist für mich der einfachste und effektivste Weg herauszufinden, ob die Vorfahren der Klientin möglicherweise die gleichen Themen hatten, ob sich innere Bilder, Glaubenssätze und Strukturen gleichen.

Wenn ich das Genogramm im Businesskontext nutze, kann ich manchmal schon durch die grafische Darstellung erkennen, warum z.B. in bestimmten Abteilungen immer die gleichen Krankheitsquoten vorkommen. Als ob für bestimmte Abteilungen immer wieder gleiche unsichtbare Gesetze gelten.

Systeme wiederholen sich nach meiner Erfahrung wie die Phasen der Entwicklung.

Genogramme machen dabei sichtbar, was vorher im Verborgenen lag. Wie eine Übersichtslandkarte, auf der erkennbar wird, wie ähnlich wir unserem Herkunftssystem sind.

Wenn ich also die Themen aufschreibe, die im System scheinbar immer wiederkehren, kann ich die möglichen Ursachen oder Hinweise für die einzelnen Themen beim anschließenden Familienstellen für dieses Thema in der Aufstellungsarbeit herausfinden. Ich habe einen Ansatzpunkt, um einer späteren Spur zu folgen.

Wiederholungen sind durch das Genogramm sichtbar geworden. Ob es sich dabei um eine Wiederkehr von „Zufällen" bei Erstgeborenen handelt, weil sich herausstellte, dass bereits seit drei Generationen die Erstgeborenen immer das gleiche Schicksal hatten.

Zum Beispiel als ich eine Beratung in einer Firma hatte, bei der in einer Abteilung immer wieder dieselbe Anzahl von Angestellten fehlte, ergab das Genogramm den ersten Hinweis zur Lösung. Es hat dazu beigetragen, die Gesetzmäßigkeiten des Systems dieser Firma zu erkennen.

Damit konnte es mir in meiner Aufstellungsarbeit schon oft den ersten Impuls oder Ansatzpunkt bieten, mit dem Stellen zu beginnen.

Manchmal reicht es, etwas „Altes" aus einem früheren System aufzu-lösen, um etwas „Neues" beginnen zu können. Im Beispiel oben war es der Erstgeborene der vorhergehenden Generationen, der sein Thema auflöste, und so konnten die nachfolgenden Generationen frei entscheiden. Was ich in der Aufstellung dann noch mal überprüfen kann.

Ein Wesen, das verachtet seinen Stamm,
kann nimmer fest begrenzt sein in sich selbst.

WILLIAM SHAKESPEARE

HERKUNFTSGENOGRAMM

- In der graphischen Darstellung wird ein Viereck für ein männliches Familienmitglied, ein Kreis für ein weibliches genommen.
- Der Erstgeborene kommt an die erste linke Stelle, dann dem Alter und der Reihenfolge nach die folgenden rechts daneben.
- Es kann mit Geburtsdatum erstellt werden und / oder der Bindung (z.B. adoptiert, abgetrieben etc.). Ich empfehle auch die Bindung.
- Todesdatum und Ursache sowie Krankheiten (Außergewöhnliches wie z.B. Unfälle / Flucht / Geheimnisse / Missbrauch / Gewalt) sollten dargestellt werden.

Grundsätzlich kann eine Aufstellung auch „blind" erfolgen, also ohne Genogramm oder mit dem Wissen um eine Ahnenreihe von mehreren

Generationen (siehe Aufstellungsarten).

Genogramm

Zielsatz: Ich bin angekommen

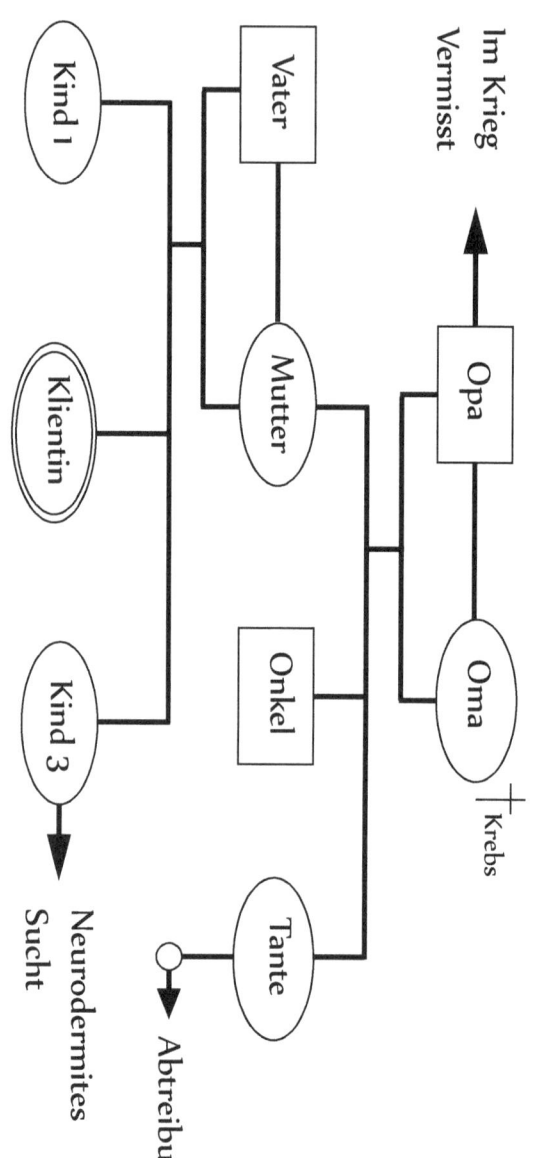

1. FAMILIENSTELLEN

ZIELSATZ

Ich habe gute Erfahrungen damit gemacht auf das erstellete Genogramm einen, für den Klienten erstrebenswerten und stimmigen, Zielsatz zu schreiben.

Der Zielsatz fasst den angestrebten Veränderungszustand in einem knackigen Satz zusammen und beginnt in der Regel mit einer Ich-Formulierung.

Folgende Fragen sind zur gemeinsamen Entwicklung des Zielsatzes sind im Vorgespräch hilfreich:

- Was soll anders sein, wenn deine Aufstellung beendet ist?
- Welche Frage gilt es zu klären, von der du glaubst sie jetzt noch nicht beantworten zu können? Welche Antwort würdest Du Dir selbst am Ende auf diese Frage gerne geben?
- Was kannst du aussprechen, wozu du dich jetzt noch nicht in der Lage fühlst?

(Beispiel: Ich nehme die Herausforderung meines Lebens selbstbewusst an.)

Im Fall von Klienten, die einen Zielsatz für unerreichbar halten, wird die (erste) Aufstellung genutzt, um die Frage mit der aktuell größten Resonanz und die Richtung der Antwort zu entwickeln. Im Einzelfall ist eine zweite Aufstellung zum Erreichen des Zielsatzes erforderlich.

Verändert sich im Laufe der Aufstellung die Richtung des Zielsatzes oder der konkrete Zielsatz selbst, dann lasse ich mir vom Klienten das Okay für einen veränderten Auftrag/Zielsatz geben.

Ich betrachte meinen Auftrag im Sinne des Klienten als erfüllt, wenn der Klient den Zielsatz, für sich und für Andere im Raum, glaubwürdig und spürbar ausspricht.

ABLAUF BEIM STELLEN

UND ACTION – DAS STELLEN AUF DER FLÄCHE

- Begrüßung der Stellverteter – kurze Einführung ins Familienstellen, Ablauf des Tages
- Die Klientin sucht nach einem Stellvertreter für sich
- Für die Systemelemente werden Stellvertreter vom Aufsteller oder der Klientin gewählt
- Die Stellvertreter nachspüren lassen, ob eigene Themen aufkommen, ggf. austauschen
- Als Aufsteller prüfen (nachspüren), ob bei den Stellvertretern Themen präsent sind, die den Erfolg der Aufstellung gefährden – wenn dieses Gefühl da ist, den Stellvertreter für die Rolle austauschen
- Eigener Intuition unbedingt folgen und Stellvertreterauswahl ablehnen
- Den Klienten stellen lassen

AUFGABEN FÜR DEN AUFSTELLER

Der Aufsteller ist der Klient, der uns den Auftrag für das Familienstellen erteilt.

- Nachspüren, fragen nach Gefühlen und Positionen (Körpersprache beachten)
- Auf Übertragung / Gegenübertragung achten
- Raum für Gefühle geben
- Schauen, ob etwas / jemand „fehlt"
- Die Statisten ihre eigenen Positionen finden lassen

AUFGABEN FÜR DEN AUFSTELLUNGSLEITER

Beim Aufstellungsleiter handelt es sich um die Person, die die Aufstellung leitet

- Nachspüren, fragen nach Gefühlen und Positionen (Körpersprache beachten)
- Auf Übertragung / Gegenübertragung achten
- Raum für Gefühle geben
- Die Aufstellung leiten (Kernaufgabe des Aufstellers):
- Schauen, ob etwas / jemand „fehlt"
- Auflösen / Ordnung im System schaffen (ohne Absicht)
- Unterstützung finden
- Ressourcen suchen
- Helfer finden (Ahnen, Schutzpersonen/Helfer)
- Die Klientin zum Annehmen, was IST, führen
- Den Zielsatz überprüfen, falls es auf der Fläche eine andere Richtung nimmt
- Lösungssätze durch die Klientin formulieren lassen
- Die Klientin das Lösungsbild emotional spürbar erleben lassen

BEISPIEL EIN KLIENT MÖCHTE ERFOLG

Beide können zum
Erfolg gehen

Klient begegnet vielen
anderen Statisten

Wer bin ich?

Begegnung mit
seinem Schatten

Klient erkennt
sein Vertrauen

Klient hat Angst
vor Vertrauen

MEIN PERSÖNLICHER STIL

VORGESPRÄCH

Ich bin immer wieder erstaunt, dass Menschen Termine machen ohne
Vorgespräch. Wenn mich eine Klientin anruft, bitte ich erst einmal
um ein Vorgespräch. Ich möchte und kann nicht mit jedem Menschen
arbeiten. Ich habe ganz klare Grenzen und ich denke, das gilt für beide
Parteien.

Wenn ich mein Bestes geben will, brauche ich Empathie und Vertrauen und das Gleiche gilt auch für mein Gegenüber.

Also vereinbare ich ein Vorgespräch.

Ich achte bei dem Vorgespräch darauf, was mir gesagt wird und was mir „nicht" gesagt wird.

Ich achte auf die Körpersprache (Überkreuzungen, Schwitzen, Haltung, Körpersprache allgemein, Augenbewegung etc.). Das ist natürlich Übungssache und Erfahrung. Dabei sind und waren mir meine Selbsterfahrungsseminare sehr hilfreich.

Bei Schilderungen der Klientin über ihr System oder ihre Geschichte frage ich achtungsvoll und vorsichtig nach:

- Wie hast du das erlebt?
- Wieso kamst du zu der Annahme?
- Was hat das mit dir gemacht?
- Warum, glaubst du, ist das so?

Vorsicht vor Bewertungen im Vorgespräch. Bewertungen sind gefasste Meinungen ohne Nachfragen, Festlegungen, Schwarz/Weiß-Denken, Menschen in Schubladen einsortieren und Vor-Urteile.

Wenn ich z.B. in einem Restaurant essen gehe und die Nachbartische beobachte, fälle ich bewusst oder unbewusst ein Urteil, bilde eine Meinung. Ich interpretiere das, was ich sehe. All das sind schon Bewertungen, ich stülpe meinen Wert auf jemanden anderes.

Wenn ich in eine Bewertung komme, spreche ich diese offen an und frage achtungsvoll nach.

Ich stelle mir im Vorgespräch bewusst die Frage: Kann ich mich auf meine Klientin/Patientin einstellen, kann ich ihre Welt teilen? Was ist meine eigene innere Haltung, kann ich mein Bestes geben, oder nehme ich sogar das Thema nicht an und gebe es an einen kompetenteren Kollegen weiter?

Ich achte dabei immer auf mein Gegenüber und mögliche Übertragungen (siehe Übertragungen).

Wie genau ist mein Gegenüber, interpretiert er/sie, oder schildert er/sie so genau wie möglich?

Ich versuche zu erkennen, abzuschätzen, um was für eine Klientin / Patientin es sich handelt.

Ist sie neugierig, will das mal gemacht haben, oder sucht sie Aufmerksamkeit / Mitleid, oder ist sie ein Hilfesuchender, ist es jemand mit der ernsthaften Absicht für Veränderung, kann sie mit Veränderung umgehen, wie stabil ist ihr System?

Den Unterschied zu definieren, ob jemand die ernsthafte Absicht für Veränderung hat oder nicht, ist gar nicht so ganz einfach.

Oftmals ist es so, dass wir die Dinge, die vermeintlich funktionieren, bevorzugen.

Es gilt herauszufinden, ob ich selbst gerade die Klientin in eine Schublade stecke.

Ich hinterfrage, ob die Klientin nur ihre für sie funktionierende heile Welt will.

Nehmen wir das Beispiel von jemandem, der stark sein möchte. Was macht eine solche Person? Sie will stark sein, also erschafft sie sich die ganze Zeit ein System, das ihr zeigt, ich bin stark, ich habe alles im Griff.

Sie umgibt sich mit niemandem, der ihr möglicherweise diese Fassade herunterreißen könnte. Und es funktioniert meistens irgendwie. Sie kann so ihr ganzes Leben leben, hat sie ja, bis sie vor mir sitzt, auch getan. Und eigentlich ist es auch irgendwie ganz angenehm. Sie tut ja ihr Bestes, die Anderen kann sie ja nicht verändern. Na gut, wenn sie ab und zu unglücklich ist, weil sie eigentlich lieber manchmal schwach wäre, sich anlehnen wollte, das kann sie ja übersehen.

Ich stelle also ein oder zwei Fragen:

- Willst du wirklich Veränderung?
- Veränderung könnte mühsam sein.
- Veränderung könnte schmerzhaft sein.
- Veränderung ist immer mit Emotionen verbunden.

Ich provoziere manchmal auch: Vielleicht ist dein System doch gar nicht so schlecht! Vielleicht willst du gerade gar nicht mit deinem anlehnungsbedürftigen Anteil konfrontiert werden, vielleicht hast du gerade dein Leben im Griff und möchtest nur ein bisschen Farbe für die Fassade?

Ich biete der Klientin Familienstellen als Chance: Sie erweitert ihre Möglichkeiten. In dem Beispiel würde das heißen, sie darf weiterhin stark bleiben, sie darf aber auch sich jetzt zusätzlich erlauben mal schwach zu sein.

Natürlich macht etwas Neues oft Angst, und diese Angst gilt es zu würdigen.

Nur wer für mögliche Veränderung offen ist, wird sich frei einlassen. Wichtig ist für mich auch, dass ich dem Klienten erkläre, dass es sich beim Familienstellen um Veränderungsarbeit handelt, wobei auch hier gilt, letzten Endes bestimmt die Klientin immer wieder selbst, wie weit und ob sie sich einlässt oder verändern möchte.

DIE AUFSTELLUNG

Nach dem Vorgespräch betrete ich mit der Klientin den Aufstellungs-raum, in dem schon die Statisten warten.

Die Aufstellerin sucht jetzt für sich eine Stellvertreterin aus den Statisten aus. Sie fragt den Statisten (Geschlechter spielen dabei keine Rolle): Möchtest du Charlotte (sie sagt dabei ihren Namen, ich möchte sie hier einmal Charlotte nennen) sein?

Der Statist spürt nach, ob das für ihn okay ist, also ob sich in seiner Gefühlswelt kein Wiederstand bildet, und sagt dann, wenn er sich dabei gut fühlt: Ja.

Dann nimmt Charlotte den Statisten mit beiden Händen führend an der Schulter und platziert ihn so im Raum, wie sie sich im Raum positionieren würde.

Ab diesem Moment spreche ich den Statisten auch mit dem Namen Charlotte an.

Die Klientin darf sich in der Regel am Anfang ihr System mit ihrer eigenen Person darin von außen anschauen.

In der Regel ist das ganz hilfreich, um neue Perspektiven zu bekommen und zu erkennen, wie bestimmte Handlungsabläufe oder Glaubenssätze von außen wirken. Jemand, der gerne kontrolliert, kann so gerade am Anfang auch nichts anderes tun als hinschauen.

Je nachdem, um was für ein Thema es sich handelt, nehmen wir hier mal an, es geht um abnehmen, werden nun weitere Statisten auf die Fläche geführt.

Dabei kann es ein Familiensystem sein, also die Eltern oder die Geschwister und die Kinder oder wie in diesem Beispiel die Faktoren, die dabei eine Rolle spielen.

Charlotte hat im Vorgespräch geschildert, sie isst immer so viel zwischendurch, oder sie ist zu faul zum Sport, auch hat sie erwähnt, dass sie meistens auf der Couch vor dem Fernseher isst.

Also soll sie, ohne dass sie weiß, wer oder was der einzelne Statist sein soll, mehrere Statisten auf der Fläche positionieren.

Da ihr Zielsatz „Ich bin schlank" ist, stelle ich das Ziel hinein, einfach um für mich zu schauen, kann sie sich nähern? Was braucht sie? Was fehlt ihr, um dahinzugehen?

Ich arbeite dabei rein intuitiv, natürlich habe ich einen Erfahrungsschatz und doch hüte ich mich davor, die Lösung schon zu kennen. Jeder hat seinen eigenen Lösungsweg.

Ich bin mehr wie ein Detektiv, der sich auf sein Gespür verlässt und Fährten folgt.

Dann mache ich es immer möglichst so einfach, wie es geht, ich muss nicht immer alle Baustellen aufmachen, um zu schauen, was dahinter liegt, das kann hilfreich sein, muss es aber nicht.

In diesem Fall nehme ich noch die Fülle in Form von Gewicht hinein und die Fülle in Form von Schlanksein.

Dann nehme ich die Schönheit, den Sport und die Selbstannahme, einfach um zu schauen, wie sie reagiert.

Den Statisten sage ich, wer oder was sie sind, kann sie aber auch blind hineinstellen (siehe Aufstellungsarten).

Auf der Fläche hatte ich dann folgendes Bild

BILD AUFSTELLUNG CHARLOTTE

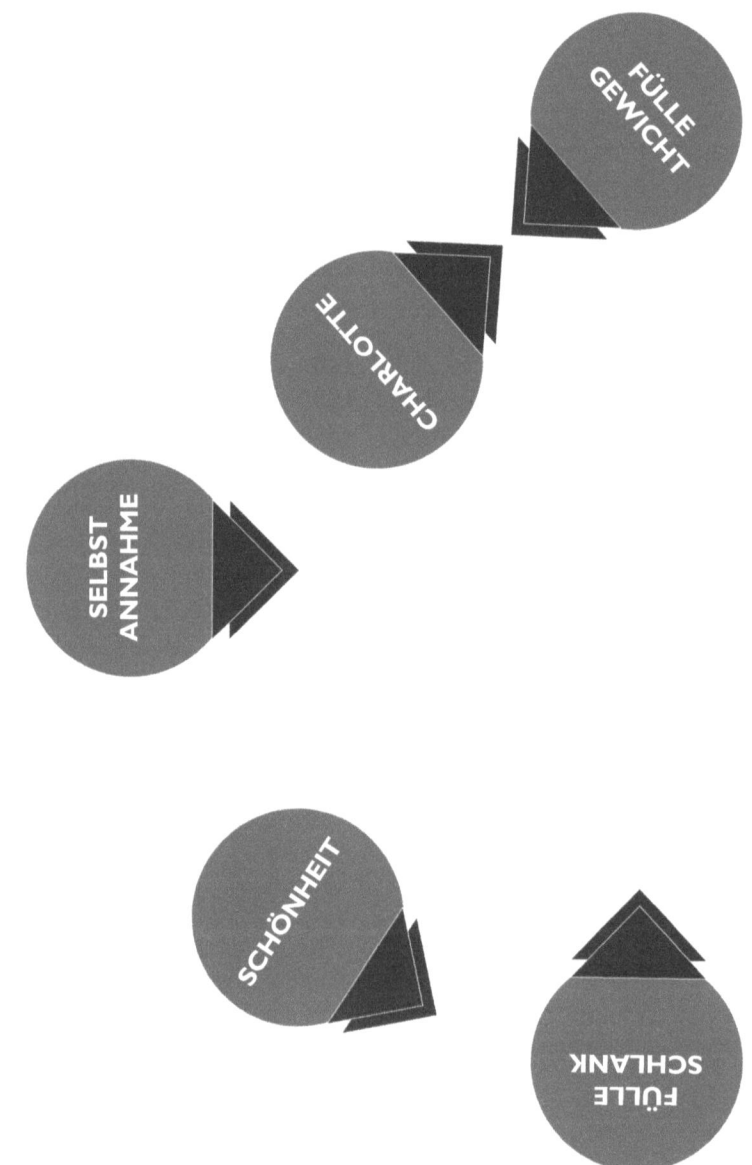

1. FAMILIENSTELLEN

Ich fragte jetzt jeden Einzelnen, wie er sich fühlt.

Charlotte war ein wenig nervös, ansonsten ging es ihr gut. Charlotte hatte keine Schwierigkeiten mit der Selbstannahme, fand sie eher anziehend, auch die Selbstannahme fand sich zur Charlotte hingezogen.

Charlotte konnte den Sport gut sehen, auch wenn er weiter weg stand und eher unruhig war. Auch der Sport konnte sie gut sehen und meinte, er wäre wohl der Wichtigste hier.

Auch die Fülle, die das Gewicht darstellt, fühlte sich gut an und suchte die Nähe zu Charlotte.

Die Fülle, die das Schlanksein darstellte, fühlte sich eher unbeachtet, aber sehr wohl neben dem Sport.

Von Anfang an war die Schönheit davongelaufen und wenn der Raum größer gewesen wäre, wäre sie wohl auch noch weiter geflüchtet.

Charlotte fand sie lächerlich insbesondere ihr Fluchtverhalten.

Die Statisten bewegten sich kaum, als ich sie nun aufforderte, sich selbst zu platzieren.

Die Schönheit möchte noch weiter weg. Ich frage sie, was sie braucht, um hier gesehen zu werden, oder ob sie vielleicht auch gar nicht benötigt wird.

Sie antwortet mit: Ich werde hier einfach nicht gesehen, geradezu ignoriert, mir fehlt glaube ich etwas.

Ich habe der Klientin daraufhin die Sicherheit hineingestellt, da Suchtverhalten meistens aus der analen Phase stammt und mit dem Thema Sicherheit, Loslassen und Festhalten zu tun haben, probierte ich einfach aus.

Es entstand ein völlig neues Bild.

NEUES BILD AUFSTELLUNG CHARLOTTE

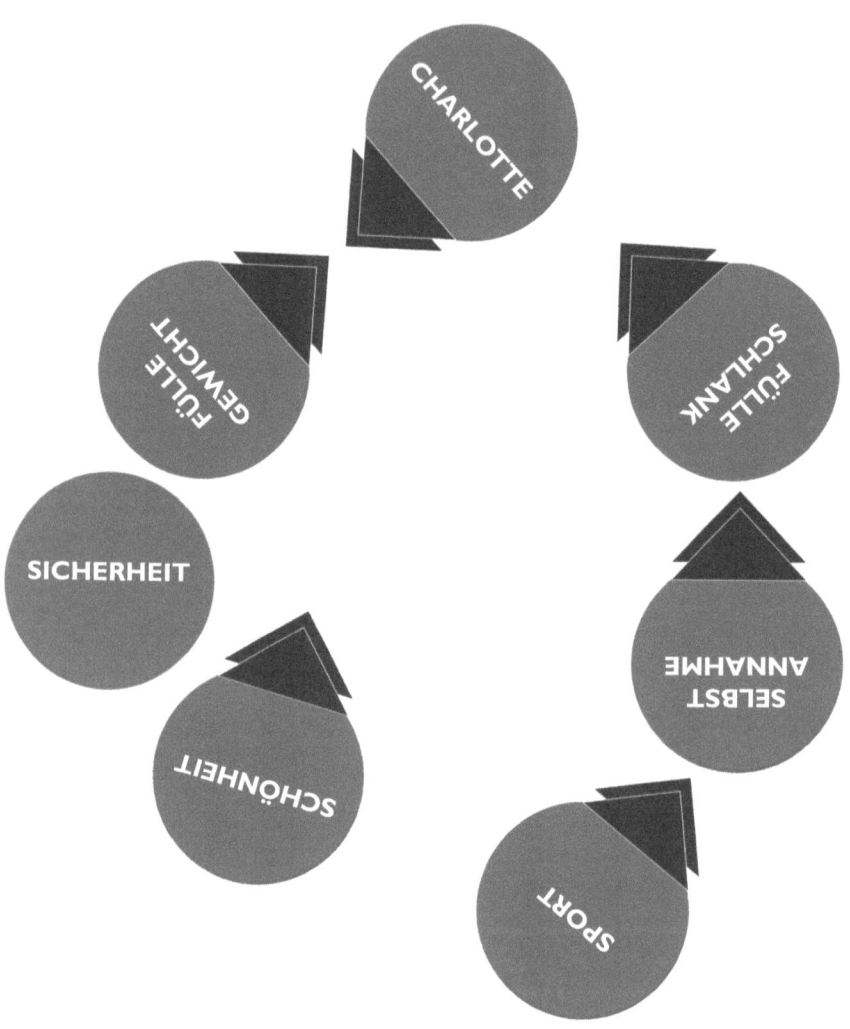

1. FAMILIENSTELLEN

Die Selbstannahme ging weiter weg, wurde sehr unruhig, die Sicherheit versteckte sich hinter dem Gewicht und dahinter die Schönheit, der Sport und die Fülle und das Schlanksein blieben weiter weg, fühlten sich jedoch auch gesehen und wohl. Charlotte blieb skeptisch in einer Beobachterposition.

Jetzt wechselte ich den Statisten, der bisher für Charlotte stand, mit ihr selbst aus, da es nun darum ging, dass sie selbst sich der Sicherheit nähern durfte.

Während der ganzen Aufstellung schaue ich auch immer nach den anderen Statisten, die am Rand sitzen.

Ich achte dabei darauf, ob jemand von ihnen emotional reagiert oder sogar Unterstützung braucht. Hilfreich ist es deshalb gerade am Anfang, wenn man noch nicht so viel Erfahrung hat, Helfer zu haben.

Ich arbeite in der Regel immer zu zweit, so habe ich jemanden im Außen, der mich darauf aufmerksam machen kann, wenn ich etwas übersehe oder jemand aus der Gruppe Unterstützung braucht.

Charlotte selbst hatte dann erst einmal Gelegenheit nachzuspüren, wie sich ihr System anfühlt. Ich habe es noch nie erlebt, dass es sehr große Schwankungen zwischen den Gefühlen der Statisten und der Klientin gegeben hätte. Sie drücken sich fast immer ein wenig anders aus, da jeder ja auch sein System und seine Ausdrucksweise mitbringt. Doch es ist immer wieder sehr erstaunlich, dass manchmal genau die gleiche Wortwahl genommen wird wie im „realen" System.

Nachdem sich Charlotte jetzt eingefühlt hatte, fragte ich sie danach, was sie bräuchte, um mal in die Richtung Sicherheit zu gehen.

Sie wusste bis zu diesem Zeitpunkt immer noch nicht, wer was war.

Sie konnte sich also nur auf ihr Gefühl verlassen.

Sie sagte, sie brauchte noch etwas, und ich gab ihr Vertrauen hinein, auch wollte sie die Selbstannahme wieder bei sich haben.

Als das Vertrauen sich hinter sie stellte, fühlte sie sich wie befreit. Und als das die Sicherheit sah, kam sie zu Charlotte und die beiden konnten sich umarmen, die Fülle / Gewicht meinte daraufhin: Ich werde hier jetzt nicht mehr gebraucht, worauf der Sport sagte: Ich sagte doch, ich muss hier in den Mittelpunkt. Die Schönheit fühlte sich das erste Mal gesehen und konnte auch umarmt werden.

Zum Schluss sah die Aufstellung dann so aus

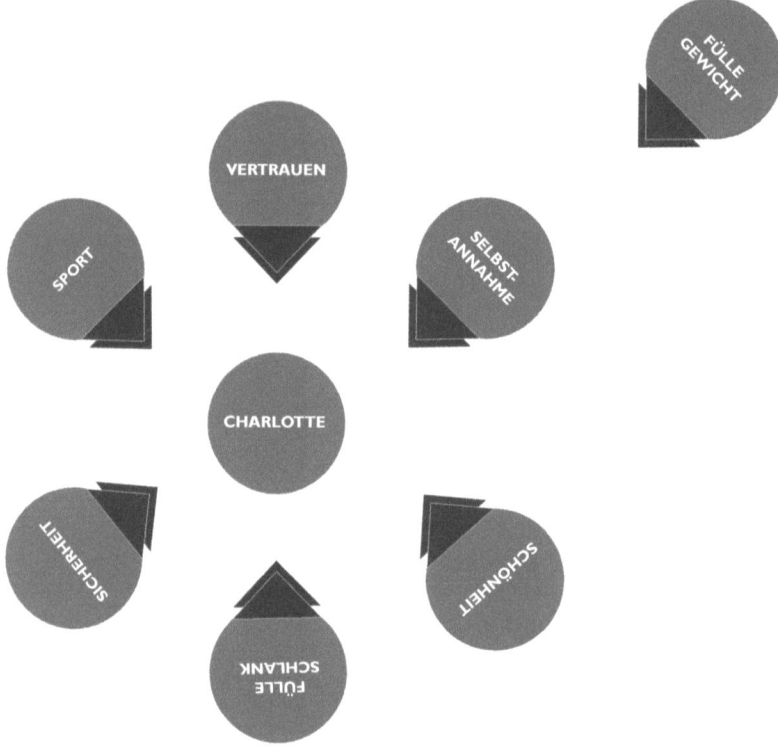

Charlotte hat nun erfahren, wen sie alles so neben sich versammelt hat, und bekam noch einmal den Weg dorthin kognitiv erklärt und wiederholt.

1. FAMILIENSTELLEN

Manchmal ist es dabei ganz hilfreich, jemanden außerhalb Sätze mitschreiben zu lassen, und diese am Ende der Klientin auszuhändigen.

Charlotte wurde nun gefragt, ob sie den Zielsatz formulieren könne, und das konnte sie emotional überzeugend tun. Als Bestätigung von außen frage ich gerne die Anwesenden, wie überzeugend und stimmig sie das Sprechen des Zielsatzes empfunden haben.

Dann wird jeder einzelne Statist wieder aus der Rolle herausgenommen und entlassen.

Nach jeder Aufstellung bitte ich die Teilnehmer und speziell den Klienten erst einmal nicht über die Aufstellung zu reden, sondern eine Zeit der Verarbeitung und Ruhe zu beachten von mindestens 8 Tagen, besser 14 Tagen und erst danach zu einem Nachgespräch sich zu melden.

Gerade in dieser Zeit zeigt sich ganz oft im Außen schon eine enorme Veränderung, und je weniger wir bewusst dazu beigetragen haben, umso glaubwürdiger erscheint später die Veränderung.

Nach jeder Aufstellung mache ich 10–15 Minuten Pause.

Wohl dem,
der seiner Väter gern gedenkt,
der froh von ihren Taten,
ihrer Größe den Hörer unterhält und,
still sich freuend,
ans Ende dieser schönen Reihe sich geschlossen sieht!
Denn es erzeugt nicht gleich ein Haus den Halbgott,
noch das Ungeheuer:
Erst eine Reihe Böser oder Guter bringt endlich das Entsetzen,
bringt die Freude der Welt hervor.

JOHANN WOLFGANG VON GOETHE

1. FAMILIENSTELLEN

2. PRAXIS

Diejenigen die wir lieben, können uns am meisten verletzen
PAULO COELHO

AUS DER AUSBILDUNGSPRAXIS

Ich möchte an dieser Stelle einige Beispiele aus der Ausbildungspraxis oder des Stellens vorstellen, die im Laufe der Jahre meine Einstellungen und Werte prüften oder neu belegten. Dabei bringe ich Aufzeichnungen oder Erzählungen aus der Praxis des Familienstellens, die sich so oder auch ähnlich zugetragen haben, immer darauf achtend, dass die Privatspähre der einzelnen Teilnehmer dabei gewahrt bleibt.

2. PRAXIS

VISUALISIERUNG EINES GRUPPENDYNAMISCHEN PROZESSES IN 9 TAGEN

Um sich Situationen oder Gruppenverhalten anzuschauen, nutze ich das Werkzeug gerne, um einen Gruppenprozess sichtbar werden zu lassen. Es kann auch mit Hilfe von Holzfiguren zum Beispiel in einer Firmenberatung eingesetzt werden.

Stellen mit Figuren kann auf der einen Seite als Gruppe und für das Sichtbarmachen von Prozessen genutzt werden oder in der einzelnen Betrachtungsmöglichkeit der Mitglieder einer solchen Gruppe.

Ich möchte hier als Beispiel eine Betrachtung einer Gruppe mit Hilfe von Figuren während einer Ausbildung aufführen.

Einer der Inhalte dieser Ausbildung beinhaltete die Möglichkeit, Dinge aus einer höheren Warte, aus einer Metaposition wahrzunehmen, in diesem Fall nutzte ich die Figuren, um das sichtbar zu machen.

Das Stellen mit den Figuren soll den Prozess der Woche unterstützen und sichtbar machen. Er findet morgens vor dem Seminartag statt und am Nachmittag wird intensiv daran gearbeitet.

Hier schildere ich einen Prozess von neun Tagen.

DER ERSTE TAG

ZIEL	FRAGEN
Wahrnehmung Standortbestimmung	Warum diese Figur?
In der Gruppe ankommen	Warum Schmuckwerk (Schwert, Schild, Tier)?
	Wo stehst du?
	Wo willst du stehen?
	Ist dir dein Verhalten bewusst?
	Welche Rolle spielst du?
	Welche Rolle willst du spielen?
	Kennst du deine Abwehr?
	Neben wem willst du stehen?
	Wie willst du stehen?
	Welche Seite möchtest du zeigen?
	Welche Seite möchtest du nicht zeigen?
	Was willst du mal ausprobieren?

Nachdem die Gruppe sich eingefunden hat und einen halben Tag Zeit hatte, sich zu begegnen, durfte sich jeder der Gruppe eine Figur für sich aussuchen.

Danach habe ich einzelne der Gruppe gefragt, welche Beweggründe sie hatten, genau diese Figur auszusuchen. Manche hatte sich Figuren mit Messern und Schwertern ausgesucht und erzählten etwas davon, dass sie sich so sicherer fühlen würden.

Mir geht es in dieser ersten Übung in erster Linie um Wahrnehmung, warum mache ich etwas, wozu dient das? Was habe ich für Abwehrmechanismen? Kenne ich sie? Es geht auch nicht um Bewertung, sondern erst einmal nur darum, zu erkennen, wie jemand handelt, in manchem Fall – wenn es der Gruppe dient – auch warum.

Es hatte sich jemand die Figur auf den Kopf gelegt. Ich habe gefragt, warum brauchst du jetzt vielleicht Aufmerksamkeit? Ich habe die ganze Gruppe gebeten, ihm diese jetzt zu geben, so dass er sie einmal bekommt, ohne etwas dafür zu tun. Ich stellte ihm Fragen danach, ob er sich immer etwas einfallen lassen müsse, um seine Aufmerksamkeit zu bekommen, und er erkannte für sich darin ein Muster. Er bekam die

Wochenaufgabe, einmal am Tag zu einem aus der Gruppe zu gehen und ihn um Aufmerksamkeit zu bitten.

Es ging nicht darum, dieses Muster zu verändern, es ging nur darum, ein Bewusstsein dafür zu schaffen, dass er so handelt, wie er handelt.

In seinem Fall bekam er auch die Einladung, mal ein andres Verhalten auszuprobieren.

Ich erklärte dabei der Gruppe, dass wir alle nach Aufmerksamkeit suchen, alle auf unterschiedliche Art und Weise. Und dass wir die nächsten Tage dafür nutzen, solche unbewussten Handlungen sichtbar zu machen und mögliche Alternativen zu erleben.

Ziel ist es, neu entscheiden zu können, ob das alte Verhalten noch gewünscht ist oder ob in den nächsten Tagen sogar neues, alternatives Verhalten in einer sicheren Gruppe ausprobiert werden darf.

Danach durfte jeder die Figuren auf einen Tisch stellen mit der Fragestellung: Wo möchtest du stehen?

Wer soll neben dir sein? Willst du an den Rand des Tisches oder lieber in die Mitte?

Fragst du jemanden, ob er neben dir sein möchte? Wie verhältst du dich sonst in einer Gruppe? Sind dir deine Strategien bewusst?

Jeder durfte dabei in seiner Komfortzone bleiben oder sie verlassen.

Danach habe ich die ganze Gruppe die Figuren auf dem Tisch in real nachstellen lassen. Jeder nahm den Platz im Raum ein, den er auf dem Tisch seiner Figur gegeben hatte, um einfach einmal hineinzufühlen, wie sich die Gruppe jetzt am ersten Tag anfühlt.

Wer steht neben mir? Wer hinter mir, wo ist mein Fokus? Was passiert, wenn sich jetzt nur einer umstellt oder sich alle umdrehen, welche Schubladen in meinem Kopf gehen da auf?

Ohne eine weitere Veränderung vornehmen zu können, wird die Gruppe jetzt erst einmal in die Reflexion entlassen.

DER ZWEITE TAG

ZIEL	FRAGEN
Wahrnehmung	Welche Rolle nimmst du ein?
Standorthinterfragung	Welche Rolle willst du nicht?
Unruhe erzeugen	Wo ordnest du andere ein?

Die Gruppe hat morgens die Gelegenheit, die Figuren auszutauschen, Werkzeuge abzulegen oder neue zu nehmen und sich neu zu positionieren.

Ich frage die Gruppe anschließend: Wer hat seine Figur ausgetauscht? Dann lasse ich einzelne erzählen.

Ich frage danach: Wer hat etwas weggelassen? Wer hat etwas hinzugenommen?

Wieder dürfen einzelne darauf antworten.

Die letzte Frage ist dann: Wer hat sich umgestellt?

Auch hier dürfen einzelne wieder antworten.

Dabei wird völlig offen gelassen: Warum ist das so? Wo willst du damit hin? Die einzelnen Mitglieder können es sagen, müssen aber nicht.

Durch die vielfältigen Antworten lernt die Gruppe von jeder einzelnen Antwort eine andere, möglicherweise neue Entscheidungsmöglichkeit.

Der Tag wird dann weiter aufgebaut mit dem Erklären des NLP-Formats 1 2 3 Meta.

1 2 3 META

Die Art und Weise, wie wir bestimmte Informationen in unserem Model VAKOG, unserer Sinneskanäle verschlüsseln, nennen wir im NLP-Repräsentationssystem.

Dieses Repräsentationssystem läuft oftmals unbewusst ab.

In Schwierigkeiten oder Konflikten werden diese Repräsentationssysteme oftmals unterschiedlich wahrgenommen, das Model 1 2 3 Meta ermöglicht uns verschiedene Positionen (wie beim Stellen) ganz zu erfahren und vollständig einzunehmen.

Der Beobachter bleibt dissoziiert, die Metaposition kann vom Therapeuten eingenommen werden, muss aber nicht als Position dabei sein, dient nur als Ergänzung.

Ablauf:

- Die Regeln werden erörtert. Immer wenn sich die Klientin in ein Feld hineinstellt, ist sie ganz (assoziiert) in diesem Feld, sie erinnert (VAKOG) sich, was sie Gesehen, Gehört, Gefühlt, Gerochen, Geschmeckt hat.

- Sie spricht ausschließlich von sich und von ihrem Erleben. Spricht sie von etwas anderem, wird sie sofort aus dem Feld herausgenommen, die Regeln werden noch einmal wiederholt und erst dann darf sie wieder auf das Feld treten.

- Es werden vom Klienten drei Felder auf dem Boden markiert.

- Auf dem ersten Feld steht der Name des Klienten (Position 1).

- Auf dem zweiten Feld steht der Name der Person, die an dem Konflikt beteiligt ist (Position 2).

- Auf dem dritten Feld steht Beobachter (Position 3).
- Die Klientin wird eingeladen in ihre eigene Position zu treten

und alles wahrzunehmen, was sie in dieser Position fühlt, hört oder sagt, sie ist sie selbst (assoziiert).

- Die Klientin wird eingeladen sich in die Position ihres Konfliktpartners zu begeben und alles wahrzunehmen was sie in dieser Position fühlt, hört oder sagt, sie ist diese Person. (assoziiert)

- Die Klientin wird eingeladen sich in die Person des Beobachters zu begeben (dissoziiert) und diese Sichtweise zum Beispiel eines neutralen Beobachters zu schildern.

- Mit den so gewonnenen Einsichten wird sie wieder eingeladen in Position 1 zurückzugehen.

- Das Ganze wird so lange wiederholt, bis der Klient mit der Situation zufrieden ist.

- Das Ergebnis wird in der Realität oder Praxis erprobt.

Der Therapeut oder Berater kann dabei hilfreich eine weitere Metaposition einnehmen, muss es aber nicht tun, auch können verschiedene Ressourcen dazugenommen werden, wenn es hilfreich erscheint.

Wichtig ist, dass die Gefühle jeder einzelnen Position erlebt und erfahren wird, erst dadurch entsteht das Verständnis unterschiedlicher Wahrnehmung.

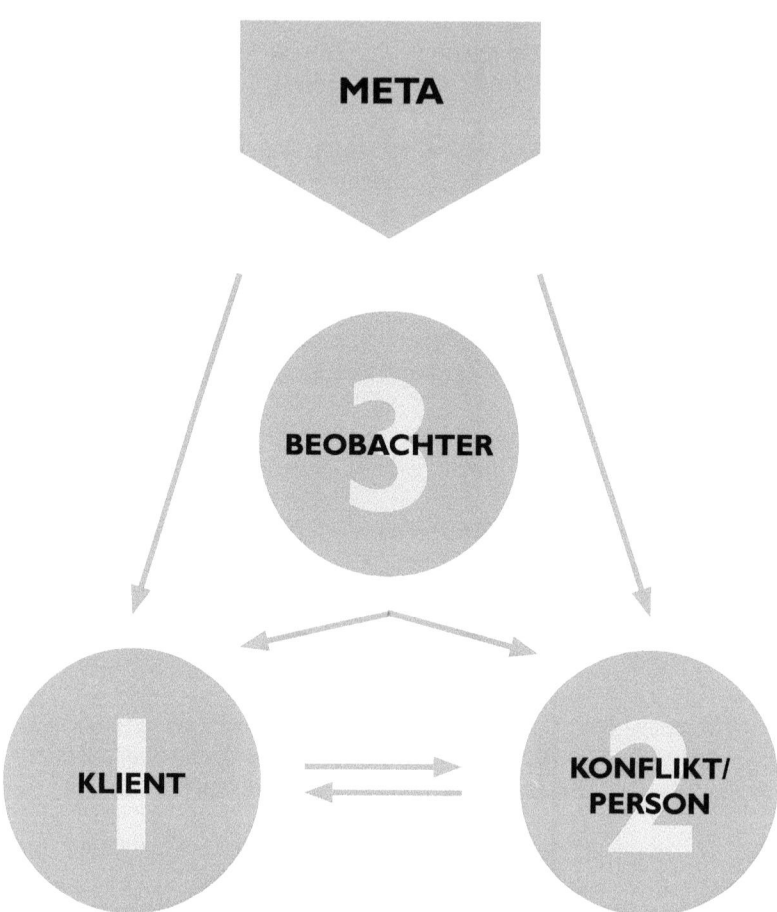

2. PRAXIS

NACHMITTAG

Die Teilnehmer werden gefragt, welche Schubladen oder Gruppen von Typen sie kennen. Dabei werden verschiedene Archetypen erarbeitet:

- Der Clown
- Der Sonderling
- Das Opfer
- Der Richter / der Henker / der Kritiker
- Der Neugierige
- Der Schleimer
- Der Unsichtbare
- Der 08/15-Durchschnittstyp
- Die Pseudoexperten

Die Gruppe bestimmt die Schubladen und ihre Bedeutung.

Danach werden die einzelnen Mitglieder dazu aufgefordert, einzeln nach vorne zu kommen, und die Gruppe bestimmt, zu welcher Schubladenkategorie sie diese Person zugehörig findet. Bis alle in einer Gruppe sind.

Die Aufgabe ist jetzt, dass die Mitglieder jeder Gruppe sich gegenseitig sagen: Ich bin gerne Sonderling, denn es bringt mir den und den Vorteil.

Während sich anschließend jede Gruppe noch einmal vor der Gruppe vorstellt, mit all ihren Vorteilen, sollen die Gruppenmitglieder für sich herausfinden, was sie am meisten stört, worauf sie am meisten reagieren und am Schluss genau in diese Gruppe gehen.

Danach sollen sie eine neue Position auf dem Tisch, mit genau der Mitgliedschaft in ihrer abgelehnten Gruppe, finden.

ZIEL	FRAGEN
Wahrnehmung	Wem gibst du Schuld?
Standorthinterfragung	Wem willst du Schuld geben?
Unruhe erzeugen	Wie machst du das?

Der zweite Teil des Nachmittags besteht darin, dass zwei ideale Eltern gestellt werden.

Danach darf jeder der Gruppe vor diese perfekten Eltern treten, um ihnen anstelle der realen Eltern alles das zu sagen, was sie falsch gemacht haben, und wie sie sich dabei gefühlt haben.

Zweck der Übung ist, die Verantwortung auf jemanden anderes zu projizieren, um sie im späteren Prozess wieder auf die Selbstverantwortung zurückzuführen. Die Einzelnen werden auf sich reduziert, um aus ihnen im späteren Verlauf eine Gruppe zu formen.

Sie befinden sich in Positionen, die sie ablehnen oder worin sie sich nicht wohl fühlen, und bekommen als Hilfestellung, jemand anderen dafür verantwortlich zu machen.

Ihre Hausaufgabe besteht darin:

- Schreibe auf, was du dir von deinen Eltern gewünscht hättest.
- Was wäre aus dir geworden, wenn du das, was du dir gewünscht hast, bekommen hättest?
- Wo steckst du heute fest, weil deine Eltern so waren, wie sie waren?

Als zweite Aufgabe für den Abend gilt:

- Nehme eine Person aus der Gruppe, arbeite mit ihr und finde heraus, wann sie sich ohnmächtig gefühlt hat.

DER DRITTE TAG

AUFARBEITUNG DES ABENDS MIT FRAGEN

Welche Erfahrungen habt ihr gestern als Gruppenzugehörige einer Gruppe gemacht, die ihr sonst möglicherweise ablehnt? Viele haben sich der Aufgabe nicht gestellt und die, die es taten, waren sehr erstaunt, wie schlecht es ihnen dabei ging. Ein Teilnehmer, der vorher in der Expertengruppe war, hat ausprobiert unsichtbar zu sein. Er erzählte davon, wie schwer es einem Teil von ihm fiel, nicht gesehen zu werden.

Der heutige Tag fördert noch einmal das Täter-Opfer-Thema, um die Möglichkeit der Schuldzuweisung zu reflektieren. Ziel bis zum Abend ist die Annahme von dem, was ist. Mit diesem Ziel soll die Gruppe jetzt zusammengeführt werden.

ZIEL	FRAGEN
Wahrnehmung, Standorthinterfragung	Wie gehst du mit Streit um?
Schuldzuweisungen fördern	Mit wem möchtest du in die Konfrontation gehen?
Abwehr erkennen	
Täter und Opfer identifizieren	

AUFGABENSTELLUNG MORGENS

Stell dich mit deiner Playmobilfigur so hin, dass du die Möglichkeit hast, mit jemandem zu streiten oder dich auseinanderzusetzen.

Einige Teilnehmer berichten davon, dass sie im Streit dissoziieren müssen, weil sie den Teil ablehnen. Diese Teilnehmer stehen für sich an der Seite, weil der Streit in ihnen abläuft (siehe Ambivalenz).

Um die Auseinandersetzung und die Schuldzuweisungen beenden zu können, werden die Teilnehmer gefragt: Wer hatte die schlechtesten Eltern?

Eine Teilnehmerin wurde ausgesucht, die sich vor ihre Eltern stellte, um ihnen zu sagen, wie furchtbar alles war. In die Position der Eltern, die vorher noch von allen schlecht gemacht wurden, werden zwei Teilnehmer als Statisten hineingestellt, die selbst ihre Eltern ablehnen.

Die Eltern in der Aufstellung bekommen im weiteren Verlauf der Aufstellung auch ihre eigenen Eltern (Großeltern der Teilnehmerin) hineingestellt und die Eltern wieder ihre Eltern (Urgroßeltern der Teilnehmerin).

In der Aufstellung mit ihren Eltern stellt die Teilnehmerin irgendwann fest, dass ihre Schuldzuweisungen sie unglaublich viel Kraft kosten. Die Eltern selbst stellen auch sehr schnell fest, dass sie nicht mehr hätten geben können.

Die Gruppe erkennt langsam, dass in ihnen zwar die Wut und Enttäuschung ist, dass es aber keine Hilfe ist, ihre Eltern dafür verantwortlich zu machen. Die Ablehnung den Eltern gegenüber kann nicht mehr aufrechterhalten werden.

Die Teilnehmer werden nun aufgefordert noch einmal ihre am Morgen gewählten Streitpartner zu nehmen und ihnen all ihre Wut und Enttäuschung entgegenzubringen, indem sie sie anschreien oder was auch immer, ohne sie berühren zu dürfen. Der Partner stellt sich erst einmal nur zur Verfügung.

Dann wechseln die Partner und der andere darf streiten oder schreien.

Bis alle Teilnehmer der Gruppe merken, wie viel Kraft ihnen diese Auseinandersetzung kostet.

Danach werden die Teilnehmer gebeten sich noch einmal am Tisch mit den Figuren zu platzieren.

Jetzt werden die Teilnehmer aufgefordert einen Stuhlkreis zu bilden und jeder darf in die Mitte gehen und den anderen Gefühle zeigen und aussprechen. In der Übung geht es nur um das Ausdrücken von Gefühlen, die Teilnehmer sollen lernen ihre Gefühle wieder auszudrücken.

Nach einer Weile sage ich: Es ist, wie es ist.

Und ganz automatisch erwidert ein Teilnehmer: Es ist, wie es ist.

In dieser Übung wird die Annahme von dem, was ist, geübt. Jeder darf das fühlen, was auch immer gerade da ist. Es ist, wie es ist!

Die Teilnehmer dürfen nun einen zweiten aus der Gruppe fragen, ob er mit in die Mitte möchte, und noch einmal die Übung wiederholen.

Die Teilnehmer, die bisher noch nicht aufgestanden sind, werden jetzt spannenderweise von anderen mitgenommen.

Eine Gruppe hat sich gebildet. Die Gruppe wird gebeten sich in den Raum zu stellen, wie es sich jetzt gerade für sie gut anfühlt, und die Figuren dazu passend noch einmal umzustellen. Alle Teilnehmer, die jetzt noch außerhalb der Gruppe stehen, schildern dies als bewusste Entscheidung.

DER VIERTE TAG

ZIEL	FRAGEN
Wahrnehmung	Übernimmst du für dich Verantwortung?
Standorthinterfragung	
Gruppe bilden	Wer bestimmt deine Gedanken?
Kognitive Aufarbeitung	Wer bestimmt dein Gefühl?
Was kannst du alles schon was hilfreich wäre?	Kannst du es annehmen und möglicherweise für dich nutzen?

Der Prozess der letzten vier Tage wird teilweise aufgedeckt, indem Fragen gestellt werden wie:

- Was ist für dich das Thema Opfer oder Täter?
- Wie habt ihr das Streiten erlebt? Hat es euch Kraft gekostet? Wer hatte Schuld?
- Wie fühlt es sich an, Täter zu sein? Wie fühlt es sich an, Opfer zu sein?

Ein Teilnehmer schildert dabei, dass er seinen Eltern nicht mehr böse sein kann. Er kann Frieden machen.

Ein Teilnehmer hat immer noch das Gefühl, an allem schuld zu sein.

Die Gruppe wird daraufhin gebeten und danach gefragt, wie kann dieser Teilnehmer unterstützt werden.

Ziel ist es, die Gruppe in die Kompetenz zu führen. Sie sollen Verantwortung für sich übernehmen und alles anwenden, was sie bisher gelernt haben, um die einzelnen Gruppenmitglieder zu unterstützen.

Sie werden in die Übung geschickt, das 1 2 3 Meta-Model praktisch und kreativ einzusetzen, um noch immer vorhandene Konflikte kreativ aufzulösen. Dabei schilderte eine Teilnehmerin, die abnehmen wollte, dass ihr Konfliktpartner ihr Körper war, mit dem sie nun eine gemeinsame Lösung gefunden hatte.

Nach der gemeinsamen Übung, in der sie mit jemandem arbeiten, den sie unterstützen wollen und von dem sie gleichzeitig Unterstützung erfuhren, durften sie ihre Figuren noch einmal umstellen.

DER FÜNFTE TAG

ZIEL	FRAGEN
Wahrnehmung Standorthinterfragung	Wenn du neu beginnen würdest, was oder wer möchtest du sein?
Gruppe sein	
Rücksetzten auf Anfang	Bist du im Vertrauen?
Entwicklungsphasen erklären	Fühlst du dich sicher?
Das Model der perfekten Kindheit	Hast du eine Geschlechtliche Identität?
	Was für Rollen hast du in der Gruppe?
	Was brauchst du in der Zukunft was dir eine perfekte Kindheit gegeben hätte?

AUFGABE

- Stell dich mit deiner Figur so auf den Tisch, als würdest du dein Leben gerade jetzt erst beginnen.

Am 5. Tag wurden alle Phasen aus der Kindheit (siehe ENTWICKLUNGS-JAHRE DES MENSCHEN) wiederholt, bis jeder in sich das Gefühl von Vertrauen / Sicherheit / geschlechtlicher Identität und ein bewusstes Gruppenverhalten für sich erkennen konnte.

DER SECHSTE TAG

ZIEL	FRAGEN
Wahrnehmung	Was kannst du aus negativem Feedback lernen?
Mit Negativ Feedback umgehen	
Verzeihen	Wie kannst du dir verzeihen?
Annehmen	Wie kannst du anderen verzeihen?
	Kannst du die Verantwortung für dich übernehmen?

Die Teilnehmer werden gebeten sich so auf den Tisch zu platzieren, als hätten sie bereits alles erreicht, was sie erreichen wollen.

Nachdem die letzten Tage noch einmal aufgearbeitet worden sind und sich noch einmal jeder für sich in die Selbstverantwortung gestellt hat, kommt eine Gruppenübung.

ÜBUNG

Die Teilnehmer werden in 4er-Gruppen verteilt und sollen sich negatives Feedback geben.

Praktisch geht das so: Einer dreht sich um, die anderen fangen an zu lästern. Der Umgedrehte darf sich dabei das aufschreiben, was sie emotional berührt. Es wird nicht darüber geredet, die Übung ist nur zur Reflektion für den einzelnen gedacht.

Bei der Aufarbeitung kommt noch einmal das Thema Schuld hoch. Auch das wird aufgegriffen und es folgt eine weitere Übung.

ÜBUNG

Jeder nimmt sich einen anderen Teilnehmer der Gruppe und setzt sich ihm gegenüber und erzählt ihm: Ich verzeihe mir ...

Jeder Teilnehmer hat dafür 15 Minuten Zeit.

Danach stellt sich jeder Teilnehmer vor einen anderen hin und sieht ihm in die Augen. Gefühle werden noch einmal erlebt:

- Liebe
- Annahme
- Verzeihen
- Es ist, wie es ist
- Vertrauen
- Macht
- Ohnmacht
- Es ist, wie es ist

Danach wird noch einmal gestellt.

DER SIEBTE TAG

ZIEL	FRAGEN
Wahrnehmung	Wie abhängig bin ich von anderen?
Reaktionen auf andere	Wie sind meine funktionierenden Lösungswege?
TOTE	
Selbstbestimmung	Wie komme ich mit anderen an mein Ziel?
	Was hält mich noch ab?

Die Teilnehmer werden aufgefordert sich so zu stellen, wie sie sich in Bezug auf andere sehen.

T.O.T.E. NLP-FORMAT

Das Model selbst stammt ursprünglich von K. Pilgram, G. Miller und E. Gallanter. Es wurde durch Robert Dills in die Strategiearbeit von NLP aufgenommen.

T. = Test, O. = Operate, T. = Test, E. = Exit

Ein Ist-Zustand soll in einen Zielzustand verändert werden.

Beispiel:

Wir wollen abnehmen. Es wird ein klares Ziel formuliert:

Wieviel? In welchem Zeitraum? Wie?

Während wir unser Ziel verfolgen abzunehmen, wird immer wieder getestet, nehmen wir auch ab?

Wenn nicht, werden die Mittel verändert, möglicherweise das Essen verändert, es wird wieder getestet, der Sport, die Bewegung verändert, es wird wieder getestet.

Test bedeutet, ich vergleiche den Ist-Zustand mit dem Zielzustand

Operate bedeutet, der Ablauf, das „Wie" wird solange angeglichen, bis das Exit, der Zielzustand erreicht ist. Was tue ich also dafür, um mein Ziel zu erreichen?

Test bedeutet, ist der Zustand durch die Handlung erreicht worden oder hat sich die Distanz zum Ziel bereits verändert, wenn nicht, dann zurück zu Operate, zu anderen Methoden.

Exit bedeutet in diesem Fall, ich habe mein Zielgewicht erreicht.

Test bedeutet, mein Ist-Zustand wird immer wieder mit meinem Zielzustand verglichen.

Alle Einschränkungen, die wir jetzt noch als Teilnehmer haben, werden mit dem T.O.T.E.-Model oder auch anderen Werkzeugen der Woche aufgearbeitet, so dass jeder Teilnehmer eine Strategie hat, seine Ziele zu erreichen.

Am Abend wird das perfekte Familiensystem gestellt.

Der Anteil des Unbewussten in unseren Handlungen ist ungeheuer und der Anteil der Vernunft sehr klein.

GUSTAVE LE BON

DER ACHTE TAG

ZIEL	FRAGEN
Wahrnehmung	Was erwartet mich mit meiner Veränderung zu Hause?
Vorbereitung Abschied	
Das System der Familie in die ich zurück muss	Was brauche ich um weiter in der Verantwortung zu bleiben?
Verantwortung übernehmen	

Stellt euch noch einmal so hin, wie ihr bewusst den letzten Tag gestalten möchtet. Fragen dazu:

- Neben wem möchtest du stehen?
- Wen möchtest du heute noch einmal sehen?
- Wer ist dir in der Woche wichtig geworden?

Die Teilnehmer stellen sich selbst noch einmal so im Raum auf und korrigieren auf dem Tisch nach.

Geliebt zu werden macht uns stark.
Zu lieben macht uns mutig.

LAOTSE

Gruppenarbeit: Die Teilnehme werden aufgefordert in einer Gruppe von sechs Personen ihr System zu Hause mit Figuren zu stellen.

Ziel der Übung ist:

- Was hat sich verändert?
- Wer könnte anders reagieren, wenn ich mich anders verhalte?

Die Gruppe unterstützt und hinterfragt den Aufstellenden.

DER NEUNTE TAG

Offenlegung des Prozesses und Verab-
schiedung der Gruppe, jeder kann seine
Figur mit nach Hause nehmen.

*Menschen von verschiedenartigster Intelligenz haben äußert ähnliche
Triebe, Leidenschaften und Gefühle.*

GUSTAVE LE BON

VORWORT

Ein Forscherteam unter der Leitung von Isabelle Mansuy untersuchte an Mäusen, ob und wie Verhaltensauffälligkeiten, die bei Traumatisierungen entstehen, an folgende Generationen vererbt werden können(1). 2010 veröffentlichte das Team seine Ergebnisse, welche jedoch wenig beachtet wurden. Für Systemsteller sind diese meiner Ansicht nach eine langgesuchte Erklärung verschiedener Vorgänge in der Aufstellungsarbeit.

Das überraschendste Resultat der Studie ist, dass die Tiere ihre Verhaltensstörungen an ihre Nachkommen vererben. Die Forscher konnten sogar nachweisen, dass diese Schädigungen bis in die dritte nachfolgende Generation andauern kann. Was bedeutet das für Systemsteller?

Wir sind auf einer willkürlichen Ebene nicht in der Lage zu erkennen, welche Verhaltensveränderungen wir durch das Wirken unserer Herkunftsfamilie vererbt bekommen haben. Epigenetisch vererbte Verhaltensinformationen beeinflussen jedoch im Hier und Jetzt unser Denken, Handeln und Fühlen. Wir sind als Systemsteller demnach m.E. in zweierlei Hinsicht in der Verantwortung. Zum einen weiß ein Klient nicht, welche Thematiken er in sich trägt, aber ihn nicht frei leben lassen. Wir helfen dabei, das System der Herkunftsfamilie zu richten. Zum anderen machen wir damit den Weg frei für darauffolgende Generationen. Der wissenschaftliche Beweis dafür, dass dies „einfach" mit Systemstellen zu verändern ist, ist offen. Tatsache ist, dass mit korrekt gestellten Systemen Veränderungen sichtbar werden, die bis anhin nicht möglich waren.

Alle wissenschaftlichen Erklärungsversuche der Vorgänge im Systemstellen bleiben bislang Versuche, ein Modell zu entwickeln, das rationalen Messkriterien genügen soll. Jedoch erst der Blick über die Grenzen hinaus, und auch außerhalb von Komfortzonen scheint in eine passenden Richtung zu gehen. Warum „es" funktioniert, bleibt für Systemsteller eine eher unerhebliche Frage, weil die Ergebnisse im richtigen Leben zählen. Es geht ums „Tun", „Erleben" und „Sein". Und jede Entscheidung, die dahin führt, ist adäquat.

Bis zu dem Zeitpunkt, als ich Gabriele Beyer in der NLP-Trainerausbildung bei Dr. Richard Bandler kennen lernte, war Familienstellen ein „Nice to have"-Werkzeug für die Persönlichkeitsentwicklung. Außerhalb der Komfortzone und nicht greifbar. Auch wenn Systemstellen für mich nach wie vor kaum greifbar ist, sind viele Vorgänge des täglichen Lebens mit dem Wissen des Systemstellers – beruflich, privat und zwischenmenschlich – erkennbarer.

Trotzdem bleiben diverse erlebbare Phänomene im Systemstellen wie z.B. das der repräsentierten Wahrnehmung nicht erklärbar. In einer großangelegten Studie konnte zuweilen empirisch bewiesen werden, dass bestimmte Wahrnehmungen überindividuell reproduzierbar sind. Mit anderen Worten: Verschiedene Personen äußern tendenziell gleiche Wahrnehmungen in Systemaufstellungen.(2)

Vermutlich liegt genau in der Nicht-Greifbarkeit der Schlüssel dieses Werkzeugs, das erlebt und nicht in logischen Sequenzen versucht wird. Auch wenn wir uns Menschen als die Krönung der Schöpfung betrachten, bleiben wir ein Ergebnis der Natur, das den Gesetzen unterworfen ist. Und vielleicht ist Systemstellen das Werkzeug, das die Punkte verbindet: Geschichten, die das Leben schrieb, erlebbar zu verändern.

RAY POPOOLA

(1) Franklin TB, Russig H, Weiss IC, Gräff J, Linder N, Michalon A, Vizi S, Mansuy IM. Epigenetic Transmission of the Impact of Early Stress Across Generations. Biol. Psychiatry. 2010, July 29

(2) Peter Schlötter, (Universität Witten/Herdecke, 2005)

AUS DER AUSBILDUNGSPRAXIS

GUT UND BÖSE

Eine gute Freundin bat mich einmal ihre Nachbarn aufzustellen, um für sich einen Umgang mit einer doch sehr schockierenden und leicht zu „beurteilenden" Situation zu stellen.

Der Sachverhalt war folgender:

Ein Familienvater von zwei Kindern hatte in seinem Haus seine beiden Kinder umgebracht und sich selbst dann auf der Autobahn totgefahren. Seine Frau hatte dann in ihrem Haus die Kinder gefunden und die Nachricht vom Tod ihres Mannes erfahren.

Beide hatten sich wohl getrennt und doch war das für die Aufstellung nicht weiter von Belang.

Das Schwierigste bei dieser Aufstellung war, Stellvertreter zu finden, die einigermaßen wertfrei mit der Situation umgehen konnten. Daher entschloss ich mich relativ direkt eine blinde Aufstellung zu machen.

Auch achtete ich darauf, dass jeder Statist noch einmal in sich hineinspüren sollte, ob er auch wirklich dazu bereit sei, sich diesem Thema zu stellen.

Auf der Stellfläche standen alsbald der Vater, die zwei Kinder und die Mutter.

Interessanterweise stellten sich die Kinder fast direkt nachdem sie sich frei bewegen durften zu ihrem Vater, auch hatte keiner der Kinder irgendeinen Groll oder Ärger gegen ihn, den sie hätten äußern können.

Bei der Mutter war das anders, fast von Anfang an stand sie abseits und bekam auch keinen Kontakt zu den anderen.

Meine Freundin, mein Auftraggeber, sprach nun mit allen Beteiligten und söhnte sich mit allen aus.

Ich nahm auch noch das Gute und das Böse hinein, und beide stellten sich Rücken an Rücken, so dass es gar keinen Unterschied zwischen beiden gab, eher dass das eine ohne das andere nicht im Gleichgewicht war.

Ich habe für mich aus dieser Aufstellung viel über Bewertung gelernt und wie schnell und wie einfach es oft ist, einen vermeintlich „Schuldigen" zu finden.

Wie kann ich mich in diesem Leben erfahren? Ohne den Mann kann ich mich nicht als Frau erfahren, ohne das Oben erkenne ich nicht das Unten, ohne den Täter nicht das Opfer, und bin ich nicht immer auch beides?

In der Aufstellung hat die Frau sich mit dem Täter genauso aussöhnen dürfen wie mit dem Opfer oder der Opferbereitschaft.

Spannenderweise gab es einen Statisten an dem Tag, der schon einmal jemanden umgebracht hatte, auch wenn wir nicht erfuhren, unter welchen Umständen das geschah, konnte er diese Aufstellung dazu nutzen, sich damit auszusöhnen, und wir alle erfuhren sehr viel über das Thema Verzeihen und Schuldzuweisen oder Hassen.

Im Nachhinein betrachtct war das wohl einer meiner prägendsten Erfahrungen, denn die Kinder selbst, die ja im realen Leben sogar ihr Leben verloren, hatten damit, zumindestens auf der Stellfläche, am wenigsten Probleme.

Als wir auflösten, wer was war, hatten auch die Statisten so einige ihrer eigenen Themen, und ich stellte wieder einmal fest, dass es oft das Außen ist, welches bei diesen Gelegenheiten oft am meisten zu lernen hat.

Noch einmal begegnete mir dieses Thema, als eine Freundin, die in der Klinik bei krebskranken Kindern arbeitet, erzählte, dass die Kinder, die starben, meist dann starben, wenn ihre Eltern den Raum verließen, und wenn es nur die Minute war, wenn sie einen Kaffee holten.

Und dass es wohl nicht daran lag, dass die Kinder nicht gerne mit ihren Eltern gestorben wären, nein, sie wollte es ihren Eltern ersparen.

Sie hatte sich wohl oft mit diesen kleinen Patienten unterhalten und die meisten dieser Kinder machten sich große Sorgen um ihre Eltern, wenn sie nicht mehr da wären oder wenn sie sterben sollten.

Dann gab es die Kinder, die wussten, die Eltern würden zwar traurig sein, wenn sie gingen, aber sie würden gerne weiter ihr Leben leben, so als könnten die Kinder es noch tun, so als wäre jeder Tag ein Geschenk, und bei diesen Eltern starben die Kinder oft ganz einfach in deren Anwesenheit.

Welch fast schon weise Kinder, wie ich finde, wieviel dürfen wir von ihnen erfahren und lernen.

In der Zeit meiner Sterbebegleitung von Menschen, die das ein oder andere Mal meinen Weg kreuzen, erlebe ich immer wieder diese wache Aufrichtigkeit, keine Zeit mehr für Fassaden und Geplänkel von irgendwelchen Eitelkeiten.

Auch das Thema Schuld und Verzeihen durfte mir dabei begegnen, als ich in das Haus einer Freundin gerufen wurde, deren Mutter im Sterben lag. Sie hatte seit Tagen die Augen nicht schließen können und focht einen Kampf, den sie nicht mehr gewinnen konnte.

Ich trat an ihr Bett und fragte sie direkt, ob es in ihrer Welt noch etwas gab, was es zu verzeihen galt. Sie konnte mir nur noch mit den starren offenen Augen antworten.

Aus ihrer Lebensgeschichte erfuhr ich, dass wohl eins ihrer Kinder, ein Sohn, sich vor einigen Jahrzehnten erhängt hatte.

Ich fragte sie direkt, was denn wäre, wenn sie nun bald die Schwelle überschreiten würde und ihr Sohn ihr als Erstes entgegeneilen würde, um sie willkommen zu heißen? Ob es für sie gut und in Ordnung wäre, ihm mit Hass oder Vorwürfen oder Ähnlichem zu begegnen, oder ob sie diese Gefühle nicht vielmehr hier in den letzten Atemzügen ihres Lebens lassen wollte, um ihm ganz frei davon zu begegnen.

Nach einem kurzen Aufbäumen konnte ich wahrnehmen, wie eine Last, die sich anfühlte wie ein Geschwür, das sich wohl schon sehr lange in ihrem Leben befand, von ihr fiel, Frieden kehrte ein. Es war wie ein bittersüßes Verzeihen, ein Loslassen von was auch immer da in ihr wucherte, und sie konnte endlich ihre Augen schließen.

Keine Stunde später schlief sie friedlich ein.

In meinen Aufstellungen durfte ich immer wieder erkennen, wie einfach es ist, sich als Opfer zu fühlen, und wie schwer es ist, sich auch mit der Täterrolle auszusöhnen, und doch auch wie hilfreich.

Und natürlich auch wie hilfreich manchmal der Teil sein darf, der sich als Opfer zur Verfügung stellt, davon möchte ich im nächsten Beispiel berichten

Aufstellung während einer Familienaufstellung in der Schweiz

VON DEN ERWARTUNGEN IM AUSSEN

Thema: Ich möchte ein neutrales Gefühl zu meiner Mutter haben

Teilnehmerin ist eine Frau, die ein neutrales Gefühl zu ihrer Mutter haben möchte, normalerweise reagiert sie immer sehr emotional, das wollte sie beenden.

Am Anfang fühlte die Teilnehmerin, ab jetzt T genannt, sich getrieben.

Ich stellte ihr inneres Kind hinein und ihre Mutter.

Alle Rollen waren verdeckt:

Aufstellungsleiterin: A, Teilnehmerin: T, Inneres Kind: I, Mutter: M

Es folgten Äußerungen von T: „Interessanterweise laufe ich so rum, dass ich die ganze Zeit meine linke Seite nicht spüre, da ich die ganze Zeit laufe und ich bin jetzt auch vorwärts gelaufen, das ist kein Laufen, das ist mehr so ein Getriebensein."

Auf Anfragen hatte T eher das Gefühl, dass ihr eigener Anteil sie nervte.

Da sie auch ihre linke Seite nicht wahrnahm, interpretierte ich den fehlenden weiblichen Anteil und überprüfte es, indem ich der Mutter ihr inneres Kind hineingab.

T konnte den Teil ihrer Mutter erkennen, nur die Mutter selbst nervte nach wie vor.

Es war ein bisschen so, als müsste sie permanent in Bewegung sein, also irgendwas tun, um Aufmerksamkeit zu bekommen, und doch reagierte ihre Mutter kaum.

So wie sie selbst hatte auch die Mutter keinen Bezug zu ihrem inneren Anteil, es schien aber eine beruhigende Wirkung auf sie zu haben, als sich dieser innere Anteil zu ihren Füßen setzte.

Die Teilnehmerin selbst schien nur genervt, es folgten Äußerungen wie: „Sehr nervlich, sehr nervlich, ich empfinde sie als Opfer."

Auch sprach ihr eigener innerer Anteil davon, die Teilnehmerin sei unvollkommen.

Einer ihrer Abwehrmechanismen dabei war lautes Lachen und sich darüber lustig zu machen, sie wollte ihre Gefühle auf keinen Fall ernst nehmen, wenn es zu ernst wurde, fing sie an zu rationalisieren und konnte alles für sich schlüssig erklären.

A: Du fühlst dich unvollkommen?

I: Nein, ich fühle mich jetzt immer noch gut. Eigentlich ist sie niemand. Niemand ist ja vollkommen. Es ist ja schwierig, sie so wahrzunehmen, wie sie ist.

Auch ging es dem inneren Anteil immer schlechter, und auf Nachfrage erklärte sie: „Das muss man aushalten!"

Dann gab es wieder Bewegungen, wo sie sich fast krümmte und meinte: Das tut so weh.

Da sich keiner dafür verantwortlich fühlte, weder die teilnahmslose Mutter mit ihrem eigenen apathischen Anteil noch die Teilnehmerin, bestand die Arbeit darin, die Teilnehmerin wieder in die Verantwortung zu führen, in ihr den Impuls zu wecken, sich selbst wieder verantwortlich zu fühlen.

Dafür deckte ich die blinde Aufstellung auf und so konnte sie am Anfang kognitiv „wollen", dass sich jemand mal um sie selbst kümmert.

Sie erkannte, dass es ihr eigener Anteil war, der da litt.

Eine Unterhaltung entstand, in der die Teilnehmerin sich selbst fragte:

Warum hältst du so viel aus?

Und sie sich selbst erklärte, wie wenig wahrgenommen sie sich fühlte.

Zur Kraftverstärkung wünschte sich das kleine Mädchen einen Engel, den sie hinter sich gestellt bekam und der sich nach ihrer Aussage sehr gut anfühlte.

Ich erlebe es immer wieder, wie heilsam es ist, solche – ich nenne sie mal Helfer – den Teilnehmern oder Statisten in den Rücken zu stellen. Um dabei herauszufinden, was hilfreich ist, frage ich einfach und akzeptiere das, was kommt. Wenn kein Vorschlag kommt, probiere ich aus, bis sich in der Bewegung Ruhe, Kraft oder Geborgenheit einstellt.

In diesem Fall war es ein Engel und bei dem Anteil der Mutter war es ein Drache.

Interessanterweise kam danach der Wunsch bei der Teilnehmerin auf, dieses Gefühl auch von der Mutter bekommen zu wollen.

Sie äußerte das erst einmal, indem sie wütend wurde und doch mit dieser Wut kämpfte, in der Abwehr versuchte sie dann diese Wut zu rationalisieren.

Sie war nicht in der Lage, ihrer Wut Ausdruck zu verleihen.

Sie sagte, sie ist ja jetzt erwachsen, die Mutter schien ja mit ihrem eigenen Anteil genug zu tun zu haben, und erklärte, sie brauche ja nicht da hinzuschauen.

Noch einmal überprüfte ich den Auftrag und siehe da, es ergab sich, dass sie jetzt keine neutrale Einstellung mehr zu ihrer Mutter wollte, sondern sie wollte gesehen werden, beachtet werden, sich geliebt fühlen und doch konnte ein Teil von ihr sich das nicht erlauben.

Ich wusste von dieser Teilnehmerin, dass sie eine Tochter und einen Sohn hatte, und so holte ich diese hinein.

Die Teilnehmerin reagierte sofort: „Interessiert mich nicht."

Nun konnte sie wieder für sich selbst erkennen, dass sie genauso handelte wie ihre Mutter, genauso mit ihren Kindern umging wie ihre Mutter mit ihr.

Auch hier begriff sie es erst kognitiv und dann folgte die ganze emotionale Härte des Geschehens.

Und doch versuchte sie immer wieder zwischendurch einmal sich der Mutter zu nähern, ein normales Verhalten, das sie wohl so schon zum zigtausendsten Mal probierte und es auch diesmal zum gleichen Ergebnis führte, nämlich zu keinem.

Das gestaltete sich dann zum Beispiel so, dass sie sich vor ihre Mutter stellte, immer allein, nie mit ihrem inneren Kind, und sagte:

> *Teilnehmerin zur Mutter: „Ich möchte dir sagen, dass ich dich von ganzem Herzen liebe und mir wünsche, dass wir uns respektvoll und liebevoll behandeln und uns unsere Freiheiten, unsere Verschiedenheit lassen, unsere Gefühle und unsere Begrenztheit auch zu akzeptieren, und ich liebe dich und ich denke, dass du mich auch liebst. Du sagst immer, du liebst nur meine Kinder. Aber du bist meine Mutter. Und ich möchte dich so annehmen. Ich möchte von demjenigen angenommen werden. Und es tut mir weh, wenn du mich wegstößt.“*

Ihre Mutter reagierte darauf in der Regel genervt und überfordert und ihr eigener Anteil fühlte sich jedes Mal wieder verletzt.

Es dauerte eine Zeit, bis sie begriff, dass sie selbst durch ihre Erwartung permanent Schmerzen zufügte.

Sie lernte ihr inneres Kind nicht mehr neutral zu betrachten, sondern ernst zu nehmen und ihre ganze Aufmerksamkeit auf dessen Bedürfnisse zu richten und diese jetzt selbstverantwortlich zu erfüllen.

Sie lernte selbst eine Mutter für ihr inneres Kind zu sein, wie sie es sich als Kind und zeitweise noch jetzt wünschte.

Teile, die sie vorher einfach weggeschoben hatte, durften sich jetzt zeigen.

Die Teile machten Äußerungen wie:

> *„Es funktioniert hier alles nicht, weil ich mir einfach nur kacke vorkomme. Die achtet einfach nicht auf mich, ich werde hier nicht gesehen."*

Und anstatt darauf einzugehen, meinte die Teilnehmerin nur: „Ich will auch auf den Arm genommen werden."

Auch versuchte sie es immer wieder, einfach wegzugehen, und ließ ihren eigenen Anteil einfach stehen. Sie bat ihn zwar mitzukommen, doch der blieb einfach sitzen. Dann ging sie entnervt einfach alleine weg.

Auch das hatte sie wohl schon einige Male gemacht und es half ihr nicht weiter. Es ist sehr spannend, dass wir Verhaltensweisen, obwohl sie uns nicht zuträglich sind, trotzdem immer und immer wiederholen, obwohl wir es doch nur einmal anders machen müssten.

Es folgten auch Phasen von Regression, in denen sie sich einfach nur genervt fühlte, ein trotziges Verhalten zeigte und aufgeben wollte.

Als sie das erste Mal ihren eigenen Anteil umarmte, folgte folgender Dialog:

> *A: Weißt du, was du gerade tust?*
>
> *T: Ich umarme sie, streichle sie. (Sie sprach in der dritten Person von sich.)*
>
> *A: Ja. Was du tust, du umarmst gerade dich. Und du streichelst gerade dich.*
>
> *T: Ja.*
>
> *A: Was du gerade machst, ist das erste Mal dich ernstnehmen in deiner Verletzlichkeit.*

2. PRAXIS

Endlich mal.

Weil deine Mutter tut es nicht.

Sie kann es aus irgendeinem Grund nicht.

Der einzige Mensch, der das kann, bist du, und wenn du dich nicht um deinen Schmerz kümmerst und wenn du nicht auf deine Gefühle und auf dein inneres Verlangen achtest, dann wird es niemand anderes tun.

> *T: Schön. Schönes Gefühl. Dich zu sehen. Mich zu sehen.*

(Sie schaut liebevoll auf ihren Anteil und ist von der dritten Person auf ein direktes Du gewechselt.)

> *A: Ja. Magst du ihr mal sagen, dass du oft nicht gerne hinguckst, weil du möglicherweise Angst hast?*

> *T: Sie verlangt sicher, mich anzuschauen. Aber sie sagt, es ist schön so, wie ich bin.*

> *A: Und kann es sein, wenn du dir mal selbst diese Aufmerksamkeit gibst, dass du die nicht mehr so verzweifelt bei deiner Mutter suchst?*

Dass, wenn du dich diesem Teil annimmst, der die ganze Zeit gesehen werden möchte, wenn du dich tatsächlich mal selbst anschaust, dass Dir damit ganz viel geholfen wäre?

> *T: Denke ich schon, ja. (Noch antwortete sie kognitiv.)*

> *A: Oh, guck mal einer an. Wie geht es der kleinen T.?*

> *T1: Sie ist ehrlicher geworden. (Sie spricht über ihren erwachsenen Anteil.)*

> *A: Sie ist ehrlicher geworden?*

T1: Hm.

A: Glaubst du es ihr jetzt eher?

T1: Ja. Mhmh. Fühlt es sich jetzt besser an bei ihr? Ich glaube, es fehlt noch ein bisschen, aber ja.

A: Was fehlt dir noch?

T1: Ja, ich glaube ein bisschen das Vertrauen, dass sie weiterhin nicht mehr wegläuft.

A (zum erwachsenen Anteil gewandt): Hör genau hin! Es geht darum, dass du nicht mehr wegrennst und dass du vor dir nicht mehr wegrennst und dass du dich annimmst, so wie du bist. Es geht nicht um deine Mutter, sondern es ging die ganze Zeit um dich. Wenn du anfängst diesen Teil in dir zu integrieren und auf den aufzupassen, dann brauchst du es nicht mehr im Außen zu suchen.

Probiere doch mal, ob du sie mit ins Boot kriegst, ob du sie an die Hand kriegst, ob die mit dir geht, ob du sie in diesem verletzten Alter mitnehmen kannst?

T: Ja, mit ihr zusammen gehen auf einen Spaziergang. Magst du das?

T1: Wenn wir uns nicht mehr hintereinander verstecken, ja.

T: Wie du willst.

T (will zur Mutter gehen): Ja. Stört dich das, wenn wir jetzt da vorgehen?

T1: Ich bleib dann hier.

A: Ok. Und das ist genau der Weg, den du gehen darfst. Frage dein Inneres. Was du brauchst.

T: Ok.

A: Und alles, was du an Aufmerksamkeit brauchst, nimmst du dir erst mal selbst.

So, und wenn du jetzt zu deiner Mama schaust, die ihr verletztes Kind da unten sitzen hat, wie geht's dir jetzt?

T: Jetzt fühle ich mich leicht.

A: Und siehst du, dass deine Mutter nicht in der Lage ist, dieses Kind zu beachten? Sie guckt die ganze Zeit zu dir. Sie guckt nicht auf ihr eigenes Kind.

T: Ja, sie tut mir leid.

A: Und was macht sie die ganze Zeit? Sie macht das Gleiche, was du auch gemacht hast bis vor 5 Minuten. Sie projiziert die ganze Zeit auf dich und nicht auf das, was sie eigentlich braucht. Und du machst das Gleiche, weil du vor deinem eigenen, inneren Kind weggelaufen bist. Willst du weiter so handeln vor deiner Mutter oder willst du eine neue Wahl treffen?

T: Ja.

A: Hm. Kannst du jetzt deine Mutter mit etwas anderen Augen sehen?

T: Ich habe gerade die Wut oder die Erwartungen, also zuerst mal die Wut, die ja von daher kommen, die ist ja jetzt noch nicht raus, aber die Erwartung konnte ich loslassen. Ich kann von ihr nichts erwarten, dass sie sich selbst nicht einmal selbst geben kann.

A: Aber was kannst du jetzt von dir erwarten?

T: Ja, dass ich die Anerkennung und die Liebe in mir selbst habe.

A: Ja. Kümmere dich um deine wahren Bedürfnisse und frage nach, was das für welche sind.

T: Hm.

Schritt für Schritt lernte sie sich selbst in den Arm zu nehmen, sich ihre Wut und ihren Schmerz zu gönnen, Platz zu geben für Gefühle.

Das Kind in ihr brauchte eine Weile, bis es der Teilnehmerin vertraute, und dann stand da auf einmal ein stabiles Team. Durch diesen Heilungsprozess lernte sie ihre eigenen Kinder sehen.

Die Mutter selbst konnte sich wenig bewegen und da sie auch nicht der Auftraggeber war, ließ ich es dabei bewenden.

Für die Teilnehmerin war es ein Stück weit gut so, denn so lernte sie, sich ab jetzt selbst um ihre Bedürfnisse zu kümmern und auch ganz klare Grenzen zu ziehen.

Zum Schluss kam noch mal:

T: Ich fühle mich richtig gut, aber frage ich nochmal meine Mutter, sollte ich ... (lautes Lachen)

Sie hatte ihr altes Verhalten sofort selbst erkannt und lachte über sich selbst.

A:. Es geht erst mal darum, dass das nächste Mal, wenn deine Mutter vor dir steht, werde dir bewusst, wie du dich gerade fühlst.

Und das nimmst du ernst und dann achtest du gut auf dich. Und gehst nicht mehr stiften und lässt deinen inneren Anteil da stehen.

T: Ok. Geht's, ich ... (Lachen)

A: Jetzt, wo du deine Tochter siehst, die sich um sich kümmert, um ihr eigenes Kind. Wie geht es dir?

(Ich hatten den Kindern ihre eigenen Anteile hineingestellt, mit denen sie anfingen zu spielen.)

> *T: Mir geht es gut.*

> *A: Interessant.*

> *T: Ja, also ich finde es toll.*

> *A: Ja. Warum?*

> *T: Ja, jetzt habe ich das Gefühl, also ich spüre, dass ihr, das es ihr gut geht.*

> *A: Und das war für dich sehr wichtig?*

> *T: Ja.*

Sie war in ihren Emotionen angekommen.

Sie konnte ihre Mutter so lassen, wie sie war, und sich selbst ernster nehmen und neu erfahren. Damit haben auch ihre Kinder die Möglichkeit, ihre Gefühle und ihre inneren Kinder annehmen zu können, bekommen.

Sie können jetzt durch das Vorbild der Mutter lernen.

KEINE RESSOURCEN

Eine meiner intensivsten Aufstellungen begann in einem Ausbildungs-block.

In meiner Ausbildung zum Familienstellen gibt es am ersten Tag einen Theorieteil und bereits am zweiten Tag wird gestellt. Die ersten Aufstel-lungen leite ich dann mit einer Schülerin gemeinsam und bereits am Nachmittag dürfen dann die Schüler aufstellen. An einem solchen Tag kam ein mir bis dahin unbekannter Mann und wollte aufstellen. Wie üblich ging ich vor die Tür, um ein Vorgespräch mit ihm zu führen.

Er sagte sehr emotional, dass er nicht wüsste, ob er sich öffnen könnte, und sein Thema wäre, dass er sich eigentlich mehr dem Tod als dem Leben zugewandt sähe.

Es kostete ein wenig Zeit, um erst einmal Rapport, also Vertrauen zwischen uns aufzubauen. Ich nahm das ohne in eine Bewertung zu gehen als gegeben auf und fragte ihn, ob er denn möchte, dass ich ihm den Tod und das Leben in der Aufstellung hineingeben dürfte, dann könnte er ja mal hineinfühlen, wie das mit dem Tod so aussähe.

Das wollte er nicht.

Ich glaube, dass es wichtig ist, keine Angst vor solchen Themen zu haben, denn das würde der Klient sofort spüren. Auch glaube ich, hilft hier kein Drumherumreden oder Mitleid oder sonst eine bestürzende Form.

Er hatte ein Anliegen, ich nehme ihn ernst.

Ich fragte ihn also, ob es Erlebnisse in seinem Leben gegeben hätte, die sich für ihn als lebenswert angefühlt hätten. Und nach kurzer Zeit des Überlegens kamen eine Nichte, die er mochte, zum Vorschein, sein Sport, den er als junger Mann gemacht hatte, ein paar alte Lieben und zwei, drei Dinge mehr.

Ich fragte nach seiner Familie und erstellte ein Genogramm.

Er war das vierte Kind von insgesamt neun Kindern, die sein Vater mit fünf Frauen gezeugt hatte. Von seiner Mutter, der zweiten Frau seines Vaters, war er der erste Überlebende nach zwei Fehl- oder Todgeburten und hatte mit dieser Mutter noch weitere zwei Geschwister.

Danach folgten noch drei weitere Kinder mit zwei unterschiedlichen Frauen.

Mit solchen, ich nenne es mal, bescheidenen Voraussetzungen überhaupt noch überlebt zu haben, erstaunt mich immer wieder.

In der Aufstellung konnte die Mutter niemanden wahrnehmen. Der Vater agierte aggressiv und abweisend und wollte nur weg.

Erst als ich die beiden toten Kinder wieder in das System stellte, kam ein wenig Ruhe auf. Die Mutter konnte nun so wenigstens die beiden Kinder wahrnehmen und die anderen drei Geschwister rückten ein wenig näher zusammen.

Beide Eltern hatten selbst keine Voraussetzungen, um irgendetwas weiterzugeben, und so entschloss ich mich nach einer Zeit, die realen Eltern hinauszunehmen und dem Klienten archetypische Eltern hineinzustellen.

Beide standen als Paar vor dem Klienten und hatten alles, was er sich je gewünscht hatte und doch 47 Jahre nicht erfahren hatte.

Er stand nur weinend da und war nicht in der Lage, sich der Über-Mutter zu nähern. Der Raum war angefüllt von spürbarem Schmerz, so dass auch alle anwesenden Statisten, ob Frauen oder Männer, gleichsam weinten.

Es dauerte über eine halbe Stunde, bis er in den Armen dieser Mutter lag und im wahrsten Sinne des Wortes zusammenbrach. Schmerz, Trauer, Liebe-Wollen, -Nichtwollen waren als Kampf sichtbar und keiner konnte sich dem entziehen.

Für mich ein wunderbares Beispiel dafür, wenn wir vor unserem Glück stehen, vor unserer Liebe, eine solche aber nie erfahren haben, wie sehr uns das ängstigt.

Auch mit dem Vater dauerte es noch einmal so lange und mit jeder Minute wurde er befreiter, traurig, und doch auch befreiter.

Ich hatte den Tod die ganze Zeit mit hineingestellt und es war sehr spannend, dass, immer wenn der Klient zögerte, der Tod aktiver wurde.

Letzten Endes können wir nur immer wieder eine Entscheidung treffen, und die trifft jeder für sich allein.

Ich bin sehr dankbar an solchen Aufstellungen teilnehmen zu dürfen, sie machen mich immer wieder sehr demütig.

Ein kleines Pflänzchen ist hier gesät worden, und auch ich bin dann gefordert zu vertrauen und loszulassen. Natürlich biete ich auch hier meine Nachbetreuung an. Doch weiß ich, auch wenn er sich morgen das Leben nimmt, dann hat er einmal im Leben Liebe erfahren, und ich denke, das ist ein schöner Gedanke. Und ich kann nur hoffen, dass dieses Gefühl in ihm den Wunsch weckt, es öfter zu erleben.

Vom Perfektionismus, den Spiegeln und Übertragungen

Ein Klient sagt im Vorgespräch: Ich weiß nicht, wer ich bin.

Der Zielsatz soll lauten: Ich hab mich gern, wie ich bin.

Er selbst hatte schon Burnout, Depressionen, erzählte davon, dass er sehr anpassungsfähig sein würde, aber dass ihm das eher zum Nachteil gereichen würde.

Ich machte eine Aufstellung mit Archetypen.

Ich gab ihm, ohne dass er wusste, wer oder was wer war, den Diener hinein, den Krieger, den Liebenden, den König, den Vater, die Männlichkeit.

Spannenderweise konnte er alle sehen, fühlte sich bei allen wohl, auch die

Stellvertreter für die Archetypen schauten eher fragend: Und was jetzt? Hier ist auf jeden Fall kein Thema. Was mache ich, wenn ich kein Thema finde?

Ich stelle ein Gegenüber hinein, eine Frau, in dem Fall Frauen.

Es war sehr spannend, was dabei passierte, es wollten alle diesen Mann. Und doch hätte keiner dieser Frauen es gesagt, im Gegenteil gleich zwei meinten, ich wollte dich so gerne, aber ich hätte eine solche Angst, ich bin nicht gut genug für dich, du spiegelst mir ja die ganze Zeit meine Unvollkommenheit, damit käme ich nicht klar.

Eine andere Frau sagte ungefähr das Gleiche, dass sie sich einfach klein neben ihm fühlen würde.

Auf der einen Seite wünscht sich wohl jeder von uns jemanden, der alles zur Verfügung hat, sozusagen das volle Programm. Doch was passiert, wenn wir dem begegnen? In der Regel macht uns das Angst. Angst nicht zu genügen, Angst vor der Liebe und dem Versagen, Angst vor der Tatsache, ob wir das wirklich dürfen, unsere Wertigkeit könnte überprüft werden.

Dieser Mann hat nun diese Angst gespürt und gedacht, es hätte mit seiner eigenen Wertigkeit zu tun.

Er ist in der Vergangenheit womöglich klein gehalten worden, damit seine Freundin sich nicht klein vorkam, er ist vielleicht in den Himmel gehoben worden und er fand keine Bewegung, keine Herausforderung in der Beziehung.

Doch auch er möchte wachsen, erst recht mit dem Potential.

Er dachte, er reicht nicht aus, dabei waren es die anderen, die dachten, dass sie es nicht taten, und es fand eine klassische Übertragung statt.

Alle Frauen im Raum gingen an ihm vorbei und bestätigten ihm genau das. Sie alle wollten ihn als Mann, keine hätte es ihm gesagt, zwei wären völlig überfordert. Eine ältere Frau hätte ihn gern sofort mitgenommen, was wiederum ihn überforderte. Mit der Erfahrung im Außen konnte er nur glauben, irgendetwas stimmt mit ihm nicht.

Für ihn war die Aufstellung eine Erleichterung und auch die Erkenntnis, wie schwer es die meisten Frauen haben, sich ihm gegenüber zu öffnen.

Wenn ich mir bewusst werde, was ich für ein Spiegel für mein Außen bin, darf ich erkennen, dass es nicht immer etwas mit meiner Wertigkeit zu tun haben muss.

Lies nur ein paar Worte, wenn du willst
Und sprich noch weniger,
Aber handle nach den Gesetzen der Lehre,
Gib die alten Wege der
Leidenschaft, Feindschaft und Täuschung auf
Und gewinne Einsicht und einen freien Geist,
Der an nichts in dieser oder der nächsten Welt gebunden ist.
Dann wirst du am vollendeten Leben teilnehmen!

DHAMMAPADA „PFAD DER LEHRE"

VERSTECKTE ZIELSÄTZE

Eine Klientin kommt im Vorgespräch mit dem Ziel, einen Job zu finden, der sie nicht so belastet. Beim näheren Nachfragen sagt sie, sie wäre recht unentschlossen, was die Arbeit anginge. Ihr letzter Job in einer Bank hat ihr mehr abgefordert, als sie nun bereit ist zu investieren. Sie möchte eigentlich weniger arbeiten oder irgendwo anders.

Bei der Nachfrage, wovon sie zurzeit lebt, kommt die Antwort, vom Arbeitslosengeld, was aber bald ausläuft. Eigentlich hatte sie auch gedacht, sie wollte nach Irland ziehen zu ihrem Freund, der dort lebte. Doch habe sie sich so gestritten, dass sie nun doch in der Schweiz einen Job suchen müsste.

In diesem Fall habe ich sofort nachgefragt, ob, wenn auf der Aufstellung herauskommt, dass es gar nicht um ihren Job geht, ich weiterarbeiten dürfte, und das hat sie erlaubt.

Auf der Aufstellungsfläche gab es am Anfang keinen Stellvertreter für sie, sondern sie wurde sofort selbst hineingestellt.

Ihr gegenüber stand ihr neuer Job.

Von Anfang an war klar zu erkennen, dass beide kein Problem miteinander hatten, es war fast wie eine Liebesbeziehung. Der Job nahm sie in den Arm, führte sie herum, das Einzige, was sie nicht wollte, war, dass der Job hinter ihr stand.

Das Thema Jobsuche und Schwierigkeiten mit einem neuen Job war damit vom Tisch. Als Nächstes begegnete sie ihrem Heimatland und dann Irland, dem Land, aus dem ihr Freund stammte.

Ihr Heimatland war recht neutral, stand einfach zur Verfügung, Irland war in Bewegung, aber eher von ihr weg und doch in Bewegung.

Daraufhin begegnete sie ihrem Freund.

Sofort stellte sich der Job dazwischen und versuchte sie da wegzuziehen. Nach einem Hin und Her gab der Freund auf und sagte, es ist sehr schade, dass du mich nicht sehen willst. Sie selbst versteckte sich auch hinter dem Job und war doch interessiert an ihrem Freund und doch eher hilflos.

Als ich ihr einfach den Job wegnahm, um zu schauen, ob etwas passiert, kam Bewegung in die Stellfläche.

Sie sah ihren Freund und sagte, dass sie sich doch dorthin gezogen fühlte, und damit drehte sich auch Irland zu den beiden um.

Ich löste auf, wer oder was die Statisten darstellten, und fragte sie: Möchtest du dich überhaupt entscheiden nach Irland zu gehen?

Ja, sie wollte schon, aber ihr Freund vielleicht nicht, meinte sie.

Sie hatte Angst vor der Entscheidung, und die hatte ihr Freund auch, immer wenn sie sicher wurde, wurde er unsicher und umgekehrt. Ich fragte sie, ob sie bereit wäre, auch ohne zu wissen, ob das in Irland gut ginge, dorthin zu gehen. Und genau das war das Thema.

Sie bekam noch Sicherheit, einen Schlüssel, falls er sie in den Keller sperren wollte, um herauszukommen (ihre Angst und ihre Worte) und es ging ihr immer noch nur ein bisschen besser.

Ich sagte ihr, dass Familienstellen ein wirklich gutes Werkzeug ist und doch gilt es im Leben Entscheidungen zu treffen und die standen jetzt an.

Und genau das tat sie dann, sie ging zu ihm hin und spannenderweise kam Irland auf die beiden zu, ihr Heimatland sagte, mich braucht es nicht mehr, aber du kannst gerne ab und an vorbeikommen und der Job kam auch von selbst zu ihr.

Manchmal bedarf es nur einer Entscheidung, einem Tun.

2. PRAXIS

DIE ILLUSION, NICHT GESEHEN ZU WERDEN

Im Rahmen einer Ausbildung kam eine Teilnehmerin meiner Familienstellenausbildung mit dem Auftrag: Ich möchte mich gesehen fühlen.

In einer Gruppe konnte sie sich gar nicht wahrnehmen, mit einzelnen ihr bekannten Personen schon eher, aber auch nur unzureichend.

In ihrem Erscheinungsbild und Auftreten wirkte sie auf den ersten Blick eher selbstsicher und kompetent. Sie war selbständig, arbeitete, so schilderte sie, erfüllt in der eigenen Praxis als Yogalehrerin und Therapeutin.

Auch war sie schon aufgefallen durch eine vermeintliche gute Intuition, sowohl als Statistin als auch als Aufstellungsleiterin in der Ausbildungsgruppe.

Beim Stellen verband eine andere Schülerin von mir ihr die Augen und stellte ihr fünf Personen hinein, von denen sie nicht wusste, was sie waren.

Sie konnte sich jeder einzelnen Person nähern und hatte zu jeder einzelnen Person unterschiedliche Wahrnehmungen.

Meine Schülerin drehte sie dann noch ein wenig und ließ sie noch einmal alles begegnen. Diesmal hatte sie wieder andere Gefühle und wurde immer unsicherer.

Diese Frau hatte eine Fassade aufgebaut, die es ihr ermöglichte, irgendwie zu funktionieren. Erst viel später erfuhr ich, dass sie mal einen Burnout hatte und trotzdem in der Lage war, ihre Kinder weiter zu versorgen.

Ihr gesamtes System bestand im Funktionieren und in dem Glauben, den anderen das zu präsentieren, was diese in ihrem Glauben brauchten, und darin war sie geradezu perfekt geworden.

Sie hatte irgendwann in ihrem Leben, aus welchen Gründen auch immer, all ihre Gefühle abgekapselt. Sie wollte oder konnte nicht mehr. Mit den Jahren fühlte sie sich immer mehr nicht gesehen. Doch sie selbst war es, die sich oder einen Teil von sich nicht mehr wahrnahm.

Eine ihrer typischen Körpersprachen war, sich selbst regelmäßig zu streicheln, anzufassen, festzuhalten. Sie wollte sich fühlen zur Bestätigung, dass sie das konnte. Auch sagte sie später, sie müsse Menschen umarmen, damit sie sich gesehen gefühlt hätte.

Nun stand sie da und es stellte sich auch noch heraus, dass all die Personen auf der Stellfläche das Gleiche waren, nämlich die Sicherheit.

Wir bildeten einen Kreis um sie und fingen an ihr zu sagen: Ich sehe dich. Wir erlaubten ihr auch den Teil, den sie ablehnte, zu sehen und sahen ihn. So machten wir das mit dem kleinen inneren verletzten Anteil, mit dem schönen wie mit dem unvollkommenen Teil.

Ganz allmählich durfte Heilung erfahren werden, sie fing an sich neu zu spüren, sie erkannte, dass alle im Außen nur dazu da waren, dass sie sich erfahren durfte.

Es war eine sehr bewegende Aufstellung. All die Jahre hatte sie wirklich jedem, einschließlich sich selbst am meisten, eine Fassade präsentiert.

Als diese anfing zu bröckeln, veränderte sich ihr Gesichtsausdruck und der kleine weiche verletzliche Teil erschien. Ich erlaubte ihr nicht jemanden zu umarmen, sondern vielmehr in das Gefühl zu kommen, sich auch gesehen zu fühlen, indem sie anfing sich zu vertrauen. Sie machte diese Übung mit Augenbinde und ohne Augenbinde und erfuhr, möglicherweise wieder zum ersten Mal, was sie selbst fühlte.

Natürlich blieb sie verunsichert, denn auch das beste Werkzeug ist kein Wunderwerkzeug.

Es braucht auch hier manchmal Zeit der Nachsorge, Zeit des Erlebens und des Ausprobierens.

2. PRAXIS

Ich bat sie, im Moment nicht mit anderen Menschen zu arbeiten, damit sie sich nicht wieder von sich ablenken konnte, auch konnte sie zwar weiter meine Ausbildung im Familienstellen besuchen, doch nur noch als Teilnehmerin oder Statistin.

Sie konnte zu einem späteren Zeitpunkt die Ausbildung abschließen.

Ich hätte es zu diesem Zeitpunkt für kontraproduktiv gehalten, wenn ich sie auch noch darin unterstützt hätte, wieder von sich abzulenken.

Ich glaube, dass gerade diese Frau in späteren Jahren eine hervorragende Therapeutin werden würde, denn gerade sie wird durch diesen eigenen Prozess eine sehr achtsame Therapeutin werden.

ZU VIEL SCHMERZ

Eine Teilnehmerin der Ausbildung zum Familienstellen hatte als Zielsatz: Ich nehme mich an.

Sie brachte eine sehr bewegende Vergangenheit mit viel Schmerzen mit sich. Sie war sich auch nicht sicher, ob sie nicht eine Schwangerschaft wollte, zweifelte aber daran, ob sie bereit wäre mit ihrem so oder so schon geschundenen Körper diese Schmerzen erfahren zu wollen. Immer wieder ging es um Schmerz und das Gefühl, diesen ausgeliefert zu sein.

Eine meiner Schülerinnen malte als Erstes einen imaginären Strich auf den Boden und erklärte:

„Die eine Seite ist die Vergangenheit, die andere Seite ist die Zukunft.

Du kannst dich für beide Seiten entscheiden.

Nur wenn du dich für die Zukunft entscheidest, nimmst du die Vergangenheit an, wie sie war. Ich möchte dich von da an nie wieder über all das reden hören, was vorbei ist, wie schwer die Vergangenheit war, ich möchte dich einladen, diesen bewussten Schritt zu machen.

Natürlich können wir in der Aufstellungsarbeit die Vergangenheit nicht verändern. Die Narben werden bleiben, was wir aber können, ist, den Fokus von den Narben zu nehmen, sie bleiben doch sowieso. Sie sind ein Teil unserer Geschichte. Nur möchte ich mich weiter auf die Narben konzentrieren oder fang ich an mich für ein Leben zu entscheiden mit all seinen Unwägbarkeiten?

Die Teilnehmerin entschied sich für die Zukunft und ließ den Fokus auf die Vergangenheit los.

Darauf radierte die Aufstellungsleiterin den imaginieren Strich am Boden weg und die Teilnehmerin stand in einem unbekannten Jetzt.

Es wurden vier Personen hineingeholt, die alle nicht wussten, wer sie waren, die aber einen kleinen Zettel in die Tasche stecken sollten mit ihren Funktionen. Die Teilnehmerin, obwohl sie sich entschieden hatte, brauchte eine Weile, sich auf dieses für sie Unbekannte einzulassen.

Zwei Personen blieben dabei in ihrem Fokus. Eine fühlte sich durch die Aufmerksamkeit leicht genervt, die andere war einfach erst mal nur da.

Als die Teilnehmerin sich entschied und sich genau dieser Person zuwandte, war es wie eine Erleichterung.

Sie nahm sie in den Arm und weinte, freute sich und fühlte sich wie befreit.

Daraufhin durfte die Statistin in ihre Tasche greifen und die Teilnehmerin erfuhr, dass sie die Schwangerschaft umarmt hatte.

Auch die andere von ihr beachtete Statistin wurde aufgelöst, es war der Schmerz.

Ein Schmerz, der bei Beachtung und Interpretation (Worte der Teilnehmerin: Du schaust mich immer so komisch an) leicht entnervt war.

Nach dieser sehr emotionalen Erkenntnis mit der Schwangerschaft ging sie auch noch einen Schritt weiter und näherte sich einer der anderen Statisten, die sie aber immer noch als bedrohlich wahrnahm.

Daraufhin näherte sie sich erst einmal der vierten Statistin, die sie bisher nicht wahrgenommen hatte und die ihr bereits den Rücken zuwendete.

Sie schaute sie an und sagte: Du kannst ja lächeln!

Bis zu diesem Zeitpunkt hatte sie sie gar nicht betrachten wollen, und wenn, dann nur von hinten.

Erst als sie bereit war hinzuschauen und feststellte, dass es da doch etwas gab, was sie mochte, war sie selbst auch am Lachen.

Je mehr sie sich dann auf diese Statistin einließ und lachte, umso weiter wandte sich die erste Statistin, die den Schmerz darstellte, ab.

Die Statistin nahm den Zettel aus der Tasche und sie war ihr Körper.

Während der ganzen Begegnung ließ die Teilnehmerin die Schwangerschaft nicht mehr los und umarmte sie fortlaufend.

Zum Schluss konnte sie sogar die vierte Statistin langsam fühlen, auch wenn sie ab und an immer noch versuchte irgendeinen Einfluss auszuüben.

Es klappte nur nie.

Die vierte Statistin, stellte sich heraus, war die Liebe.

Ein wenig ist es so, dass immer dann Bewegung in eine Aufstellung kommt, wenn die Teilnehmerin eine Entscheidung trifft, wenn sie ins Tun kommt, auch ohne zu wissen, was sie daraufhin erwartet.

Es ist besser, das geringste Ding von der Welt zu tun, als eine halbe Stunde für gering zu halten, überhaupt etwas zu tun.

JOHANN WOLFGANG VON GOETHE

LOSLASSEN UND FESTHALTEN

Eine Klientin möchte herausfinden, warum sie in den letzten Jahren 10 kg zugenommen hat. Sie selbst ist Anfang 60 und war vorher nie füllig. Hatte aber als Kind Magersucht.

Ihre Kindheit war gefärbt von Gewalt und Flucht. Sie erzählte, dass sie sich oft versteckte, selbst lieber im Wald schlief oder bei Fremden, um der Gewalt zu entgehen. Doch sie hatte eine sehr elegante schöne Tante, die sie sehr mochte, die aber, als sie ca. 11 Jahre alt war, verstarb. In letzter Zeit hatte sie öfter Träume von dieser Tante und auch gab sie an, dass sie Angst haben könnte, wenn sie so schlank wie die Tante würde, vielleicht sterben müsse.

Ihr Zielsatz lautete: Ich habe Klarheit.

Sie kam während einer Ausbildungswoche und wurde von einer meiner Schülerinnen gestellt.

Sie bekam keine Stellvertreterin, sondern ging sofort selbst in die Position, die sie für richtig hielt. Neben ihr gab es noch zwei Statisten, von denen sie nicht wusste, wer oder was sie waren.

Es waren das Loslassen und das Festhalten. Sie stellte sich sofort zum Festhalten und wollte auch nicht zum Loslassen.

Wenn man in einer zeitnahen Entwicklungsphase jemanden verliert, überprüfe ich in der Regel immer das Thema der Entwicklungsstufe, in diesem Fall: Vertrauen und Sicherheit oder Loslassen und Festhalten. Ich erlebe immer wieder, dass dieses Thema dann öfter ein Begleiter in unserem Leben wird. In diesem Fall in Form von Gewichtszunahme. Oder als Kind in Form von Gewichtsverlust, um der Umgebung zu entfliehen. Aber auch das ist immer eine Interpretation und gilt es, auf der Stellfläche zu überprüfen.

Nachdem das Vertrauen hinzu kam, konnte für die Klientin Heilung einkehren und sie erlaubte sich auch loszulassen.

Meine Schülerin stellte ihr noch den Tod hinein, um zu überprüfen, ob sie den Archetypen des Loslassens auch begegnen konnte, und das konnte sie auch, war aber nicht wirklich an ihm interessiert. Sie wollte nur endlich Vertrauen schließen mit dem Loslassen und hat auf ihrer Aufstellung genau das auf sehr emotionale Weise gelernt.

Ich kann nicht sagen, was sie alles losgelassen hat, es ist auch nicht wirklich wichtig. Manchmal hätte ich nur gerne eine Kamera, um ein Bild von den Gesichtszügen vorher und nachher zu machen, um diese Gelöstheit, die meistens nach einer Aufstellung auftritt, festzuhalten.

ÜBER DEN REICHTUM

Eine Klientin wollte wissen, warum sie in ihrer Welt das Reichsein nicht annehmen konnte.

In ihrer Aufstellung stand sie, der Reichtum und die Armut. Der Reichtum wurde sehr missbilligend beäugt und die Klientin stand schnell bei der Armut.

Ich hätte auch das Loslassen und Festhalten hineinstellen können, das Thema ist das Gleiche, nur greife ich gerne genau die Wörter auf, die die Klienten mir im Vorgespräch anbieten.

Auch sie bekam das Vertrauen hinzu und in ihrem Fall auch die Wertigkeit.

Mit der Wertigkeit hatte sie massive Probleme, lehnte sie ab und wollte sich nicht nähern. Durch Unterstützung von Liebe und Verzeihen ging es dann schließlich doch. Und sie konnte das erste Mal den Reichtum überhaupt sehen und annehmen. Am Ende der Aufstellung standen der Reichtum und die Armut Rücken an Rücken und sie konnte problemlos mal zum einen und auch zum anderen.

Ich achte immer darauf, dass beides angenommen wird. Alles darf sein und sie kann sich jeden Tag neu entscheiden, doch sie vertraut dabei sich und das Äußere ist nur die Erscheinungsform, die sie wählt. In diesem Fall wurde sie sich wert, reich zu sein. Was auch immer das für sie bedeutet.

Der wahre Wert eines Menschen ist in erster Linie dadurch bestimmt, in welchem Grad und in welchem Sinn er zur Befreiung vom Ich gelangt ist.

ALBERT EINSTEIN

PRÜFUNGSANGST

Eine Klientin erzählte von sich, dass sie sich nicht vorstellen könnte, wenn sie vor eine Gruppe treten müsse. Auch habe ihre Tochter jetzt Angst in Prüfungen, von ihrem Vater wusste sie, dass er Prüfungsangst gehabt hätte.

Im Genogramm konnte ich sehen, dass sie ihre Mutter früh verloren hatte, und die Familie war daraufhin mehr oder weniger auseinandergebrochen.

Sie erzählte davon, dass ihr Vater für niemanden mehr zugänglich war und nie mehr von ihrer Mutter geredet worden ist.

In der Aufstellung stellte ich das klassische Herkunftssystem. Es stellte sich heraus, dass die Mutter gesehen und angenommen werden musste. Die Tochter war nicht zugänglich, wurde aber während der Aufstellungsarbeit offener. Genauso wie die Mutter in der Familie verdrängt worden war, fühlte auch die Tochter, dass ein Teil der Mutter sie nicht sah.

So wie die Aufstellerin noch an ihrer Mutter hing, sie konnte sie nicht loslassen, fühlte sich das Kind unfrei.

Beide agierten fast identisch.

Erst als die Aufstellerin sich von ihrer Mutter verabschieden konnte, nachdem sie gesehen wurde, kam Heilung ins System.

Am Ende der Aufstellung fragte ich sie danach, ob sie sich bitte vorstellen könne, und sie tat es ohne Angst, spontan und als hätte sie nie etwas anderes getan, sie ging vor die Gruppe ohne Vorbereitung und stellte sich vor.

WAS NICHT ZU ÄNDERN IST ...

Ein Klient kam mit dem Anliegen, er hätte so viele Baustellen, er wüsste gar nicht, wie oder wo er anfangen sollte.

Sein größtes Anliegen sei wohl, dass er mit Ablehnung nicht umgehen könne.

Ich stellte sein Herkunftssystem.

Er hatte einen Vater und eine Mutter, eine große lebende Schwester und drei verstorbene Kinder, davon ein Zwillingspaar, die als Erstes geboren oder besser nicht geboren wurden.

Von Anfang an, ich stellte erst die Familie ohne die verstorbenen Geschwister, kam keine Ordnung in das System. Keiner fand eine Position, die Mutter starrte die meiste Zeit auf den Boden. Sie wollte sich mehrfach hinsetzen, was in der Aufstellungsarbeit oft ein Zeichen für sterben ist.

Der Klient konnte gar nicht damit umgehen, er liebte seine Mutter sehr und war die ganze Zeit damit beschäftigt, entweder seine Mutter zu retten oder, wenn die gerade Mal wieder stand, der Schwester zu helfen.

Allen ging es schlecht, jeder fühlte sich für den anderen verant-wortlich. Keiner fand einen Platz, alles war sehr emotional, keiner kümmerte sich um sich.

Als die drei Kinder auf den Boden gesetzt wurden, wurde es erst einmal schlimmer. Die Mutter wollte unbedingt hinterher, sie versuchte sich immer wieder zu setzen, sie konnte auch ihre Tochter gar nicht wahrnehmen. Wenn sie hochschaute, sagte sie immer nur zu ihrem Sohn, ich bleibe nur für dich.

Die Kinder wurden eins nach dem anderen vorgestellt und die lebenden Geschwister begegneten ihnen sehr emotional und nahmen sie bewusst im System auf.

Daraufhin fragte die Mutter den Sohn, ob sie jetzt gehen könnte. Sie litt unglaublich unter diesem Verlust.

Der Sohn konnte sie nicht loslassen.

Er bekam nun Statisten an seine Seite. Vertrauen, das Glück, alles, was er brauchte, um sich endlich um sich selbst kümmern zu können. Auch die Schwester bekam die Liebe an ihre Seite und konnte das Geschehene loslassen und die Mutter so nehmen, wie sie war.

Nach einigen Kämpfen wandte auch der Sohn sich seinem Glück zu und genau in diesem Moment wurde die Mutter stabil, sie schaute ihn an und sagte: „Ich hätte nie gedacht, dass ich mal bleiben wollte, weil es mich so sehr nach unten zieht, doch wenn ich dich neben dem Glück stehen sehe, macht mich das stabiler." Hoffnung konnte entstehen.

Ich erlebe immer wieder, wenn so viel Schmerz und Verlust von einer Mutter erfahren wird, wird die Todessehnsucht von ihr immer größer. Darunter leidet dann jedes Familienmitglied und möchte die Mutter beschützen. Diese Mutter kann aber kaum noch jemanden wahrnehmen. Das führt sehr oft zu dem Gefühl, viel mehr tun zu müssen als andere, um gesehen zu werden. Außerdem möchte man selbst keinen mehr hergeben, der Verlust in der Familie ist einfach genug. Der Klient wollte keinen mehr loslassen. Das Ablehnen im Außen hat ihm dieses Loslassen, nämlich das Loslassen von anderen, gespiegelt. Wir können nicht nur eins; loslassen und festhalten sind beide wichtig. Jeder von uns wird sich Schicksalsschlägen stellen und Menschen, Tiere oder Gegenstände verlieren. Der Klient durfte wieder lernen, dass erst das Vertrauen ihn wieder in den Fluss des Lebens und damit auch seine Mutter wieder in die Hoffnung gebracht hat. Wir alle möchten unsere Lieben beschützen und doch wird es uns eben nicht immer gelingen.

KRANKHEIT UND SCHMERZ

Eine Klientin erzählte davon, dass sie krank sei, nannte auch ihr Krankheitsbild und erzählte, dass diese Krankheit wohl als unheilbar galt, und sie hatte herausgefunden, dass sie wohl oft durch ein Trauma entsteht.

In diesem Fall hinterfrage ich nicht das Glaubenssystem des Klienten, ich nehme es so auf, wie sie es glaubt, das mir in der Aufstellungsarbeit hilft.

Ihr Zielsatz sollte sein: Ich bin schmerzfrei.

In der Aufstellung bekam sie das Trauma hineingestellt, die Heilung und sie selbst.

Einer ihrer Sätze war, nachdem sie sich direkt neben das Trauma stellte: Es fühlt sich so an, als gehörte es zu mir.

Ich achtete sehr darauf, dass dieses Trauma keinen Inhalt auf der Aufstellung bekam, mir ging es nur um die Annahme von der Vergangenheit, die Würdigung. Ich stelle immer wieder fest, dass wir nicht noch einmal durch Leid müssen, wenn die Emotionalität auch anders erfahrbar ist. In diesem Fall war es so.

Sie bekam Vertrauen hineingestellt, das Loslassen und Festhalten. Sie wurde dafür gewürdigt, wie lange sie es schon ausgehalten hatte, und konnte sich immer mehr der Heilung zuwenden.

Das Trauma blieb wie eine Narbe, doch sie stand am Ende bei der Heilung und konnte das Geschehene, was auch immer es war, einfach stehen lassen.

WUT ABLEHNEN

Ein Klient kommt mit dem Anliegen, dass er sich immer selbst boykottiert. Er habe so viel Wut in sich, die er ablehne. Auch erzählt er selbst, wenn er mal was Gutes erleben würde, würde er es danach zerstören wollen.

Er wirkte sehr aufgewühlt und verzweifelt. Die einzige Ausnahme, bei der er nicht gewalttätig oder wütend werden würde, waren Kinder. Diese wollte er beschützen.

In der Aufstellung bekam er zwei Elemente hineingestellt, den Täter und das Opfer. Im Grunde konnte er weder das eine noch das andere annehmen. Ich stellte ihm alle Teilnehmer des Wochenendes auf die Stellfläche als Täter hinein. Er wurde wütend, sehr emotional und doch hat er dann irgendwann aufgegeben. Das Schlimmste war die Ablehnung und die Scham.

Als er durch diesen Prozess ging, durfte er erkennen, dass es Situationen gibt, die wir nicht gewinnen können, in denen wir uns ausgeliefert fühlen und wie hilflos das machen kann.

Danach haben wir ihn als Täter hineingestellt und alle anderen als Opfer. Er hat sich erst einmal viel besser gefühlt, ich gab ihm einen zweiten Täter zur Seite und beide stachelten sich gegenseitig auf.

Die Opfer durften erkennen, wie viel Angst eigentlich hinter den Tätern stand, und die Täter durften durch ihre Angst in die Wut, in die Tat gehen.

Ich finde es immer schwer, in einer solchen Aufstellung aus der Wertung zu bleiben. Und doch gibt es kaum eine andere, die genau das fordert, um in die Heilung zu kommen. Beide erfahren sich durch ihr Gegenüber, der Täter durch das Opfer, das Opfer durch den Täter. Es ist vielleicht die krasseste Form und doch bedingt sie sich. Letzten Endes entsteht sie durch Angst und Hilflosigkeit.

Erst als die Liebe, die Vergebung und das Vertrauen wieder in ihm wachsen durfte, hörte der Kampf auf, es war ein nur jetzt nach außen sichtbarer Kampf.

In ihm wollte nur das Kind, das sich nicht gegen die Gewalt schützen konnte, endlich geschützt werden. Und das tat er.

Ich stellte ihm genau diesen Teil hinein und er merkte, dass er sich in einer Schleife befand. Er beschützte seinen inneren Anteil und wurde damit selbst zum Täter. Etwas, das er als Kind abgelehnt hatte. Als er anfing, sich selbst nicht mehr die Schuld für die Verletzungen aus der Kindheit zu geben, begann Heilung. Er versprach seinem inneren Anteil jetzt gut auf ihn aufzupassen.

Und doch erklärte ich ihm, dass auch das nicht immer gelingt und dass wir uns das verzeihen dürfen. Nur wenn wir uns auch nicht mehr verletzlich machen, werden wir auch nicht mehr fühlen. Wir werden dann irgendwann jedes Gefühl in uns vernichten, um uns zu schützen. Die Entscheidung, die er nun treffen musste, war, sich wieder verletzlich zu machen und zu vertrauen, dass es ihm dabei gut gehen würde.

Die ganze Aufstellung hat jeden anwesenden Statisten an seine Grenzen geführt. Denn jeder hat einen Täter und ein Opfer in sich, die meisten von uns lehnen dabei einen Teil davon ab. In meiner Erfahrung sind es die Misshandelten, die das Opfer ablehnen, und die, die nie Gewalt erlebt haben, lehnen den Täter ab.

Erst als sich hinter jedem Opfer die Angst zeigte und hinter jedem Täter die Angst, konnte die Gewaltspirale durch die Liebe und die Annahme unterbrochen werden.

Eine sehr emotionale Erfahrung. Er entschloss sich zu beschützen und auch zu vertrauen.

KEIN VERTRAUEN

Die meisten Therapeuten lehnen Patienten ohne Vertrauen oder mit Suchtproblemen gerne ab. Es ist und bleibt eine Sisyphusarbeit.

Ein Patient kommt mit einer Familiengeschichte, die so erschreckend ist, dass ich mich wundere, wie er das emotional überlebt hat.

Mit drei Jahren starb seine Mutter, sein Vater folgte mit 13 Jahren. Er selbst hatte eine einschlägige Drogenvergangenheit, berichtete aber, er sei clean. Er berichtete auch, dass er, um sich sicher zu fühlen, mindestens Monate vorausplanen müsse. Er war gerade mal Anfang 20.

Die Aufstellung habe ich angefangen, indem ich ihm als Erstes ihn und das Vertrauen hineinstellte.

Es war wie ein Hinterherlaufen, eigentlich haben die beiden sich gejagt, doch es kam keine Ruhe hinein.

Er konnte sich nicht nähern und auch wenn das Vertrauen kam, lief er weg.

Ich bat ihn auf einen Stuhl zu klettern, überlegte kurz, ob ich ihm die Augen verbinden sollte, entschied mich aber dagegen und forderte ihn auf sich nach hinten fallen zu lassen. Natürlich positionierte ich hinter seinem Rücken einige Personen, die ihn auffangen sollten.

Er selbst konnte sie nicht sehen, er konnte nur vertrauen, dass sie ihn nicht losließen oder auffingen.

Ich fragte ihn danach, ob es etwas gab, an das er glaubte oder eine Erfahrung in tiefster Not, wo er gerettet worden ist, und er konnte sich an eine solche Begebenheit erinnern. Ich bat ihn dieses Gefühl, dass es da etwas gibt, was ihm hilft, zu verstärken und fest darauf zu vertrauen, dass er loslassen kann und sich fallen lassen darf.

Es dauerte sehr lange, bis er es konnte. Fast alle Anwesenden weinten, denn sie fühlten diesen inneren Kampf.

Er wurde nach dem Fallenlassen mit geschlossenen Augen eine Zeit hin und her gewogen und dann erst ganz behutsam auf den Boden gelegt, wo eine Statistin die Rolle der Mutter übernahm. In ihren Schoß wurde sein Kopf gelegt und er konnte nun all die Liebe annehmen, die er nicht mehr auf einer bewussten Ebene zur Verfügung hatte. Auch setzte ich einen Statisten als Vater neben ihn, der sich freute über diesen wundervollen Sohn.

Nach einer Zeit bat ich ihn nun langsam von den Eltern mal wegzugehen, um seinen eigenen Weg finden zu können. Er ging dann mal weg, kam wieder, so wie wir es machen, wenn wir krabbeln oder laufen lernen. Erst als er in sich das Vertrauen ganz annahm, konnte er auch die Eltern mehr loslassen, ohne sich unsicher zu fühlen. Auch die Sicherheit durfte nun hinein und er konnte beides annehmen, sich mal unsicher und dann auch wieder sicher zu fühlen.

Als Nächstes stellte ich ihm die Weiblichkeit und die Männlichkeit in den Raum, mit der Männlichkeit hatte er keine Probleme, nur mit der Weiblichkeit.

Auch da brauchte er wieder für sich Unterstützung und die Mutter gab ihm die Möglichkeit, auf sie aufzupassen. Er stellte sich schützend vor sie und war richtig ein bisschen verliebt in die Statistin. So wie in der ödipalen Phase, wo die Mädchen sich in den Papa verlieben und die Söhne in die Mutter.

Als er das abgeschlossen hatte, konnte er auch die Mutter wieder loslassen und wendete sich dem Vater zu.

Als er all diese Phasen für sich beendet hatte, hatte ich das Gefühl, in ein Gesicht eines kleinen Jungen zu schauen. Er wirkte verwirrt, glücklich und müde.

Die Latenzzeit habe ich nicht abgeschlossen, da er sich jetzt neu im Außen erfahren sollte.

Bei diesem Patienten ist eine Nachsorge für mich sehr wichtig. Seine so bisher erfahrene Welt ist eine andere geworden, er hat neue Wahlmöglichkeiten bekommen und damit möglicherweise auch mehr Unsicherheit und Angst. Dabei ist eine weitere Begleitung sehr hilfreich und stützend.

Laß mich ein Kind sein, sei es mit!
JOHANN CHRISTOPH FRIEDRICH VON SCHILLER

3. ORDNUNGEN VON SYSTEMEN

WIE ICH MIR DIE WELT ERKLÄRE

Ich gehe davon aus, dass wir unser Leben lang unbewusst von unserer Erfahrung in unserer frühesten Kindheit gesteuert werden.

Dieses Gedächtnis, unsere Prägungen durch die ersten Systeme und die damit übernommenen Verhaltensmuster bestimmen, wie wir bestimmte Lösungswege oder Strategien unseres Handelns und Denkens immer wieder einsetzen oder nicht.

Sind sie von uns als erfolgreich eingestuft worden, werden sie auch zukünftig als Strategie für Lösungen unserer Probleme eingesetzt.

Sind sie als erfolgreich eingestuft, werden sie zu Handlungen, auch wenn wir uns selbst damit schaden. Unser Verstand bewertet womöglich diese Handlung als schädlich, da er urteilen und vergleichen oder bei anderen beobachten kann. Er könnte erkennen dass es andere womöglich hilfreicher lösen können.

Der Verstand selbst kann dabei aber eben wenig verändern, denn ihm fehlt eine entscheidende Erfahrung, nämlich die Bemerkung einer erlebten emotionalen Erfahrung für eine andere Strategie. Damit hätte er die Möglichkeit, eine neue Klassifizierung vorzunehmen. Einem neuen Lösungsweg, den die Klientin dann als Alternativstrategie zur Verfügung hätte. Das wiederum würde sie zum Selbst-Gestalter ihrer Systeme machen und nicht zum Sklaven unserer frühsten Prägungen und Erfahrungen.

Viele Klientinnen führen sogar in ihren Systemen Situationen herbei, um ihre bekannten Bewältigungsstrategien weiter aufrechtzuerhalten.

Beispiel: Bei einer Patientin war es so, dass sie bereits die dritte Ehe einging, in der sie geschlagen wurde. In ihrem Herkunftssystem wurde sie auch geschlagen. Sie lehnte dieses Geschlagenwerden zwar kognitiv ab. Sie konnte mit diesem Umstand umgehen und hatte sich sogar einige Sekundärgewinne gesichert, wie Aufmerksamkeit und Mitleid. Es ergab sich, dass Sie zwischen den schlagenden Partnerschaften einen Mann kennen lernte, der sie verwöhnte, sie auf Händen trug und sehr liebevoll mit ihr war. Sprichwörtlich ist sie schreiend weggelaufen. Es machte ihr einfach zu viel Angst.

Angst macht darauf aufmerksam, dass Menschen dabei sind, sich für Veränderung zu entscheiden. Genau jetzt ist Veränderung möglich. Durch das Überwinden dieser Angst kann das innere Gleichgewicht wiedererlangt werden, und zwar mit einer neuen, emotionalen Erfahrung und einem alternativen Verhalten. Dieses neue Verhalten steht uns ab diesem Zeitpunkt zur Verfügung. Unser Selbstvertrauen wächst dabei mit jeder erlebten Erfahrung des neuen Verhaltens. Natürlich stehen uns auch nach wie vor die früheren Lösungsstrategien zur

Verfügung. Wir haben eine neue Wahlmöglichkeit bekommen. Wir dürfen neu entscheiden, und da En„t"scheidung nicht mit d, also End wie endgültig, sondern mit t geschrieben wird, können wir es immer wieder neu tun.

Bei der oben erwähnten Patientin war es so, als wenn sie immer wieder Situationen inszenierte, um ihr altes gewohntes System aufrechtzuerhalten.

In der Aufstellungsarbeit sehe ich dann meistens bei einer solchen Klientin, wie sie die Liebe oder Geborgenheit regelrecht ablehnt oder wegrennt.

Gehirnforscher wie Gerald Hütter machen heute mit ihren Büchern darauf aufmerksam, wie wichtig Emotionen für Veränderungsprozesse im Gehirn sind.

Wenn wir uns also erfolgreich von den inneren Programmen lösen, wenn wir Alternativstrategien wollen, ist der erste Schritt die Bewusstmachung solcher Programme und die dahinterliegenden versteckten emotionalen Erfahrungen.

Viele Klienten kommen und schildern, dass sie „es" doch schon so oft probiert hätten. Aber immer wieder würden sie auf ihr altes Verhaltensmuster zurückfallen.

Den wenigsten ist dabei bewusst, dass die Lösungsstrategien dabei immer die gleichen sind, nämlich die unbewussten perfektionierten Lösungsstrategien. Strategien, die dabei nützlich sind, den vorhandenen einmal erfahrenen perfektionierten und immer wiederholten Lösungsansatz zu schützen. Es werden im Grunde immer die gleichen Handlungsweisen geschildert.

Sage ich als Therapeutin: Mache es doch einfach mal anders! Ich würde die meisten Klienten wohl überfordern, meiner Meinung nach auch nicht genug würdigen.

Doch etwas anders zu machen ist die einzige Möglichkeit, die schon so fest eingefahrenen Programme zu unterbrechen. Nur so wird eine neue emotionale Erfahrung ermöglicht und neue Verhaltensweisen wählbar zur Verfügung gestellt.

Die Bedeutung von Wertfreiheit kann nicht oft genug wiederholt werden. Dies gehört für eine erfolgreiche Aufstellung für mich an die erste Stelle. Ich glaube nach wie vor daran, dass wir zu jeder Zeit unser Bestmögliches geben. Es geht hier also nicht um Verurteilung. Es ist eher so, dass wir mit allen uns zur Verfügung stehenden Mitteln unsere uns bekannte Welt versuchen so zu belassen, wie sie ist. Wir haben gelernt, damit umzugehen, und so werden wir versuchen, diese Welt so lange aufrechtzuerhalten, wie es irgendwie geht. Ob bewusst oder unbewusst, spielt keine entscheidende Rolle.

Machen wir uns nichts vor, Veränderung macht Angst, ist unangenehm, erscheint unsicher. Der Puls steigt, der Schweiß bricht aus und wir geraten in Stress. Die Angst der Klientin ist für jeden spürbar im Raum.

Oft erlebe ich, dass Veränderung erst durch das Zusammenbrechen eines Systems, durch Krankheit oder sogar Sterbeankündigung, erzwungen wird.

Ich selbst bin dafür ein gutes Beispiel, denn es brauchte Jahre schweres Asthma, bis es einfach nicht mehr ging, bevor ich meine Angst überwand und neu handelte.

Auch ist es schwierig, einen Schuldigen für unsere Strategien zu finden. Auch unsere Eltern haben letzten Endes nur ihre übernommenen Systeme, und eine hilfreiche Frage für unser Verständnis wäre:

Wie alt waren sie, als sie uns bereits prägten? Also wieviel Erfahrung hatten sie eigentlich?

Wo wollen wir also anfangen, den ersten Stein zu schmeißen?

Nehmen wir für eine Minute an, wir hätten das perfekte System gehabt. Wie wollten wir uns noch als Menschen erfahren, wenn wir die perfekten Voraussetzungen und Bedingungen vorgefunden hätten?

Es ist doch auch ein beruhigendes Gefühl zu wissen, dass wir es besser als unsere Eltern machen dürfen und auch unsere Kinder diese Möglichkeit haben, uns zu überholen.

Ich glaube, die Bewusstmachung unserer Herkunft, die damit verbundenen unterschiedlichen Systeme und die Wirkungen auf uns geben uns die Möglichkeit, in die Selbstbestimmung zu kommen. Erst wenn ich die Bilder, Gefühle und Muster bewusst erkenne, die mich egal zu welchem Zeitpunkt geprägt haben, kann ich sie verändern.

Ich kann anfangen zu bestimmen, was Einfluss hat und was nicht.

Dafür ist es wichtig, für mich zu schauen, wo komme ich denn her. Wie ich als Mensch denke, fühle oder handele, kann dann wieder ein bewusster Prozess sein und nicht ein undefiniertes „Es", das mich bestimmt.

Mit der Reise in unsere ersten inneren Bilder nehme ich Kontakt auf mit all unseren Prägungen und Verknüpfungen, die meistens aus einem übernommenen System stammen, das nie überprüft wurde. Ich versuche zu erkennen, woher diese Prägungen kommen, was sie in mir bewirken und ob das für mich weiterhin nützlich erscheint.

Ich bin davon überzeugt, dass Prägungen ganzer Generationen auf uns Einfluss haben. Auch Erfahrungen in der Schwangerschaft wie Stress oder Ängste der Mutter haben schon Einfluss auf uns und unsere inneren Systeme. So können Kinder schon unsicherer als andere das Licht der Welt erblicken.

Im besten Fall beginnt unsere Reise in der Regel in einem funktionierenden einheitlichen System, nämlich des Mutterleibs, in dem wir in einer Symbiose mit der Welt der Mutter verbunden sind. In dieser Symbiose erfahren wir Vollpension, sind nur den „normalen" Gefühlsschwankungen durch das System der Mutter ausgesetzt, die wir aber noch nicht bewerten können, sondern es ist erst einmal so, wie es ist.

Natürlich prägen uns auch hier schon die Gerüche und Geräusche der Außenwelt, der Geschmack, die Nahrung der Mutter. Auch sind wir bestimmt geprägt von unserem ersten eigenen Wachstum, ob von den körperlichen Entwicklungen des Gehirns, der Wirbelsäule oder den Gliedmaßen.

Wenn wir dann einigermaßen körperlich entwickelt geboren werden, ist das erste Erlebnis die Trennung von der Mutter. Die Trennung aus der Einheit, der Symbiose, einem System der Einheit. Rein philosophisch betrachtet könnte ich sagen: Wir waren eins und müssen den Garten Eden verlassen, werden rausgeschmissen.

Natürlich können auch während der Geburt prägende Erfahrungen abgespeichert werden. Auch das können wir in der Aufstellungsarbeit überprüfen.

Nach der Geburt kommen wir in eine für uns völlig unbekannte Welt, indem wir das erste Mal in unserem Leben auf das Außen angewiesen sind.

Auf Vollpension folgt Selbstversorgung, wir werden geboren in eine Welt „des Getrenntseins", ich nenne sie Duale Welt. Dual deswegen, weil sie ein Oben oder ein Unten, eine weibliche Seite, eine männliche Seite, ein Gut, ein Schlecht, also immer zwei unterschiedliche Pole enthält. Ganz praktisch heißt das für uns, es wird uns die Nabelschnur abgeschnitten und ab jetzt müssen wir uns bemerkbar machen, um Nahrung, Liebe und Sauberkeit zu erlangen.

Wir müssen im normalen Fall etwas tun, dafür, dass wir geboren werden, indem wir uns durch einen zu engen Gang quetschen oder gequetscht werden. Wir sind das erste Mal allein außerhalb unserer Symbiose mit der Mutter und würden wahrscheinlich sterben, wenn es da nicht ein neues System geben würde, das uns nach der Geburt erwartet. Ein völlig neues System, in dem wir lernen dürfen, uns bemerkbar zu machen, wenn wir überleben möchten. Wir müssen schreien, all unsere Fähigkeiten einsetzen, um zu überleben, oder ganz banal Nahrung, Liebe und Sauberkeit zu erlangen.

Also ein System, in dem wir das erste Mal selbst bestimmen, mit allerdings am Anfang noch sehr begrenzten Möglichkeiten.

Wir kommen in bereits gelebte fertige Systeme, nämlich die unserer
Eltern, die uns meiner Meinung nach ein Leben lang prägen und die
wir uns auf einer bewussten Ebene nicht ausgesucht haben.

Unsere einzigen Fähigkeiten zu diesem Zeitpunkt sind in der Regel: ein
Körpergefühl zu haben, die Fähigkeit zu schreien, wenn wir Hunger
oder Bedürfnis nach Liebe und Sauberkeit haben.

Und so erfahren wir, bis wir eine eigene „Ich"-Bildung haben, unser
äußeres System als das unsere, die Welt der Mutter oder die der
Bezugsperson wird erst einmal wertfrei übernommen. Oftmals haben
wir mit dieser Übernahme ein Leben lang so unsere Schwierigkeiten.

Natürlich prägen uns in dieser Zeit nicht nur das System der Mutter,
sondern alle Menschen, zu denen wir eine emotionale Bindung haben.
Das Spannende dabei ist, dass wir dadurch aber auch die Chance haben,
mehrere Bewältigungsstrategien kennen zu lernen, zum Beispiel wie
es die Oma macht, der Opa oder wer auch immer. Am Anfang werden
wir uns wahrscheinlich für die Bewältigungsstrategie von der Person
entscheiden, mit der wir die stärkste emotionale Bindung haben oder
wo wir uns am sichersten fühlen. In späteren Jahren können wir aber
auch von der Vielfalt profitieren, wir haben mehr Vorbilder und von
diesen Vorbildern können ihre Bewältigungsstrategien übernommen
werden. Da wir uns allerdings auch in einem Zeitalter befinden, das
geprägt ist von alleinerziehenden Eltern, werden zukünftige Generationen darüber zu urteilen haben, welche Prägungen uns da erwarten
dürfen.

Ein Blick auf unser erstes oder sogar schon zweites System kann
Fragen klären wie:

- Was passiert wann – und warum?
- Fühle ich mich sicher? Wenn ja, in welchen Bereichen, oder
  wann nicht?
- Wie bekam ich Selbstvertrauen?

- Bin ich in meiner Weiblichkeit / Männlichkeit?
- Wie bekomme ich meine Aufmerksamkeit?
- Wie hat sich das alles gebildet?
- Und wie verhelfe ich meinem Kind zu Selbstvertrauen?

Dieses erste wohl in meiner Welt prägendste System wirft ein Leben lang immer wieder neu eine ganze Menge an Fragen auf und stellt mich auch heute noch vor die eine oder andere Herausforderung.

In dem nachfolgenden Modell erkläre ich die Entwicklungsphasen, die Lern- und Bewältigungsstrategien beinhalten, die uns bis ins hohe Erwachsenenalter noch beeinflussen können.

Ein von mir dafür zusammengefasstes Modell sieht dabei so aus:

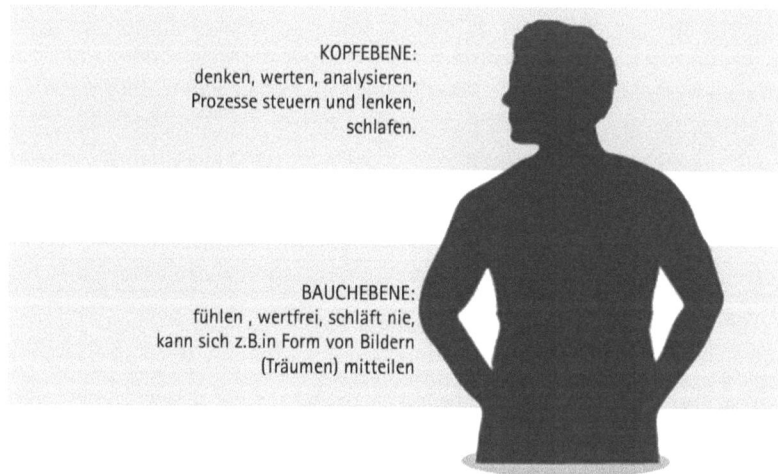

Wenn wir geboren werden, sind wir erst einmal perfekt.

Wir haben drei unterschiedliche Ebenen, die wiederum unterschiedlich auffassen und bewerten oder erleben.

Wir haben eine Kopfebene, die im Laufe des Lebens die Fähigkeit entwickeln kann, zu werten, zu denken, zu analysieren, komplexe Prozesse zu begreifen. Natürlich noch viel mehr, wie z.B. die Fähigkeit hat zu schlafen.

Neben der Kopfebene gibt es noch eine Bauchebene, die unsere Festplatte beinhaltet, die die gemachten Erfahrungen von uns auf einer Ebene speichert. Teils bewusst abrufbar, teils unbewusst. Unbewusst, weil die meisten der Erfahrungen frühester Kindheit in späteren Jahren nur noch begrenzt bewusst abrufbar sind.

Sie umfasst den Bereich der Emotionen und kann sich ausdrücken

in Form von	Bildern	–	Visuell
in Form von	Hören	–	Auditiv
in Form von	Gefühlen	–	Kinästetisch
in Form von	Riechen	–	Olfaktorisch
und in Form von	Schmecken	–	Gustatorisch.

Das bedeutet als Beispiel, wir hören ein Lied und es erinnert uns an eine Begebenheit, bewusst oder auch unbewusst, oder ein bestimmter Geruch erinnert an die Kindheit etc.

Diese Ebene wird auch mit VAKOG abgekürzt.

Unsere Bauchebene schläft nie und wertet nicht, sondern es ist, wie es ist.

Das System unserer Mutter mit allen Glaubenssätzen, Handlungsweisen wird auf der ersten Festplatte erst einmal wertfrei übernommen. Im Laufe unseres Lebens, wenn wir neue Erfahrungen gemacht haben, erstellen wir neue Festplatten.

Diese sind ungefähr zeitgleich abrufbar, immer ein paar Sekunden vor unserer Kopfebene.

Der Spruch: „Um eine gute Entscheidung zu treffen, sollten wir eine Nacht darüber schlafen", macht für mich damit sehr viel Sinn.

Ich kann die Kopfebene nutzen, um eine Entscheidung zu treffen, und in der Nacht überprüft mein Unterbewusstsein die Entscheidung.

Fühlt es sich gut an, ist es wohl eine gute Wahl.

Manchmal reicht es auch einfach, ein paar Atemzüge zu machen, und ich habe auch beide Ebenen abrufbereit.

Ein schönes Beispiel für eine Speicherung auf unserer ersten Festplatte und das dazugehörige Verhaltensmuster ist ein Kind, das geschlagen wird. Nehmen wir mal an, in einem System, in dem es „normal" ist, geschlagen zu werden, z.B. die Mutter wird geschlagen oder auch andere Familienmitglieder. Das Kind spürt natürlich den Schmerz, lernt aber die Handlung selbst als „neutral oder gegeben" zu bewerten und lernt damit umzugehen.

Bis wir ein eigenes ICH haben, ist es einfach mal so.

Noch gibt es keine Vergleiche, sondern die Umwelt wird so, wie sie ist, als wahr erlebt, mit all ihren vorgelebten Rollenspielen, Werten und Glaubenssätzen. Wenn dieses Kind später erwachsen oder älter ist und inzwischen werten kann und keine neuen Festplatten angelegt wurden, passiert es, dass es sich wieder eine Beziehung sucht, in der dieses Schlagen gelebt wird, ob als Täter oder Opfer, lassen wir mal dahingestellt sein.

Spannend dabei ist, dass ein solcher Mensch vielleicht mit Schlägen viel besser umgehen kann als mit z.B. Liebe oder Verantwortung. Die Form der liebevollen Annahme wäre in dem Fall viel angstmachender, da sie unbekannt ist.

In der Aufstellungsarbeit wenden sich solche Klienten oft der Ablehnung zu, die Annahme macht sie nervös. Wenn sie danach gefragt werden, wollen sie sich kognitiv gerne auf die andere Seite stellen, in der Regel gelingt es ihnen aber nicht.

Und dann gibt es noch neben der Kopf- und Bauchebene die dritte Ebene, die „Göttliche Ebene", die sich in Form von Zufällen, Wundern oder Wegweisern zeigt. Es ist unser Glauben, der Spirit, die Spiritualität, die Sinnsuche etc.

Diese Ebene wird in der Regel nicht durch unsere Kopfebene erfahren, denn der würde ja sofort sagen, so etwas gibt es nicht, ist nicht bewiesen etc.

Die Bauchebene hingegen „erfährt" sich durch Erfahrungen, Erlebnisse, die zeigen, dass es da noch mehr geben muss als die bisher gemachten Erfahrungen. Damit hat sie Zugang zur Göttlichen Ebene.

Sich kennen will nicht heißen, alles voneinander zu wissen, sondern Liebe und Vertrauen zueinander haben und einer an den anderen glauben.

ALBERT SCHWEITZER (1875–1965)

ENTWICKLUNGSJAHRE DES MENSCHEN

Kinderwagen (o-1 Jahr)　Kleinkind am Krabbeln (1-3)　Kindergartenkind (3-6)　größeres Kind (6-12)　Erwachsener

ORALE PHASE 0–1 JAHRE

- Lernaufgabe: Entwicklung von stabilem (grundlegendem) Urvertrauen
- Die Mutter ist in der Regel die Bezugsperson und kommt, wenn wir schreien.
- Ohne Phasenabschluss: Unsicherheit, Angst oder Urmisstrauen.
- Das Kind wird nur bedingt und zeitweise versorgt.
- Wiederholung der Phase 12–13 Jahre:
- Anfang der Pupertät, Vertrauen an das Herkunftssystem wird in Frage gestellt.
- Wiederholung der Phase 42–43 Jahre: Eine typische Frage in der Zeit: War das schon alles?

ANALE PHASE 1–3 JAHRE

- Lernaufgabe: Festhalten und Loslassen
- Der Schließmuskel kann das erste Mal eigenständig benutzt werden.
- Die Selbstwahrnehmung als Handelnder entsteht, die Fähigkeit zur Körperbeherrschung und die Fähigkeit als Verursacher von Geschehnissen wird erlernt.
- Das Kind kann durch Schreien, Lautsein, Handelnder andere beeinflussen, Kontrolle ausüben.
- Ohne Phasenabschluss: Konflikt zwischen Festhalten und Loslassen, es können Zweifel an der eigenen Fähigkeit zur Kontrolle der Ereignisse aufkommen.
- Folgen könnten möglicherweise Zwangsverhalten, Angststörungen etc. sein.

WIEDERHOLUNG DER PHASE 13–15 JAHRE

- Die Pupertät stellt das Glaubenssystem und die Werte der Herkunftsfamilie in Frage, es wird z.B. ganz praktisch das System verlassen, indem jemand wegläuft, also praktisches Loslassen sozusagen.
- Wiederholung der Phase 43–45 Jahre:
- Eine typische Frage in der Zeit: Sollen wir einen völlig anderen Beruf ausüben, haben wir den richtigen Partner, sollten wir einfach mal weg, möglicherweise alles hinschmeißen?

ÖDIPALE PHASE 3–6 JAHRE

- Lernaufgabe: Initiative gegen Schuld, Vertrauen auf eigene Initiative und Kreativität, Wahrnehmung und Erfahrung des eigenen Geschlechts.
- Mädchen verlieben sich in den Papa, werden Prinzessin.
- Jungen verlieben sich in die Mama, werden zum Prinzen.

- Ohne Phasenabschluss: Gefühl fehlenden Selbstwertes, Minderwertigkeit.
- Die Ödipale Phase kann Ursprung sexueller Strömungen und rein sexueller Probleme sein.
- Wiederholung der Phase 15–18 Jahre: Mitte bis Ende der Pupertät, erste Erfahrungen mit dem anderen oder gleichen Geschlecht.
- Wiederholung der Phase 45–48 Jahre: Eine typische Frage in der Zeit: Ist das noch der richtige Partner? Sollten wir noch neue Erfahrungen im Bereich Partnerschaft oder der Sexualität machen?

LATENZZEIT 6–12 JAHRE

- Lernaufgabe: Entwicklung des Ichs, das Verhalten in Gruppen wird erlernt, das Kind kommt in die Schule, erfährt u.a. Anerkennung oder Ablehnung.
- Wenn wir dann also ungefähr 12 sind, haben wir gelernt, ein gesundes Verhältnis zu Intimität zu haben, fühlen uns weniger isoliert, haben die Fähigkeit zur Nähe und zur Bindung und weniger das Gefühl der Einsamkeit, des Abgetrenntseins, noch weniger betreiben wir die Leugnung der Bedürfnisse nach Nähe.
- Ohne Phasenabschluss: Das Kind fühlt sich abgelehnt, nimmt Rollen an, um zu gefallen, hat Schwierigkeiten in Gruppen.
- Wiederholung der Phase 18–42 Jahre: Frühes Erwachsenenalter, die Außenorientierung beginnt, mein Haus, mein Beruf, mein Auto.
- Wiederholung der Phase ab 48 Jahre: Eine typische Frage ist die Neudefinierung nach dem Ich, die neue Orientierung nach dem Umfeld.

BERK, L.E. (2011), S. 17–19
SIEGLER, R. (2011), S. 338–344

3. ORDNUNGEN VON SYSTEMEN

ERWACHSEN WERDEN AB CA. 52 JAHREN

- Im Erwachsenenalter (ein guter Freund erzählte mir mal, die Maya meinen, das wäre ab 52) kommt dann noch das Interesse an Familie und Gesellschaft, künftige Generationen über Persönliches hinaus hinzu.
- Also eher weg von selbstbezogenen Interessen, möglicherweise auch eine Balance zwischen selbstbezogenen Interessen und den Interessen der Um„welt".
- Der Schattenaspekt hier wäre wohl eine fehlende Orientierung an die Zukunft.

DIE ORALE PHASE

ODER DAS SYSTEM DES VERTRAUENS

Die meisten Menschen werden die Frage nach dem Vertrauen wohl mit Ja beantworten.

Vielleicht fallen die Antworten unterschiedlich aus, bestimmt sogar, und doch ähneln sie sich in der Substanz.

Was ist also Vertrauen? Wenn wir geboren werden, ist es das Vertrauen darauf, dass, wenn wir uns bemerkbar machen, jemand kommt. Später wird es etwas differenzierter. Da kommt dann meistens die Gegenfrage: Worauf sollen wir denn vertrauen? Da werden dann meist Unterschiede gemacht zwischen uns und unserer Umwelt oder einer dritten unbekannten Instanz.

Selbstvertrauen bedingt ein vorhandenes Selbst und auch das wird je nach Maßstab sehr unterschiedliche Antworten zur Folge haben.

Vertrauen auf andere, unser Umfeld, es kommt auf unsere Vorerfahrungen an. Vertrauen auf Gott oder was auch immer wir dafür bezeichnen, auch das ist nach meiner Meinung eine Erfahrung.

Im Stellen kann ich Vertrauen sehr unterschiedlich herausfinden, indem ich einfach das Vertrauen selbst hineinstelle und schaue, wie mein Klient reagiert, oder sogar Gott oder wen auch immer er mir im Vorgespräch dafür benennt.

In den meisten Fällen, zumindestens in den Fällen, die mir im Familienstellen begegnen, vertrauen die Klienten auf irgendetwas, und wenn es auf mich ist.

„Immer wenn du glaubst, es geht nicht mehr, kommt von irgendwo ein Lichtlein her."

Eine schöne Erklärung, was Vertrauen nicht ist:

Es ist nicht die Suche nach irgendetwas, solange wir suchen, sind wir im Mangel. Nicht im Vertrauen auf die Fülle.

Suche kann sich zum Beispiel äußern, wenn wir jedes Jahr neue Kurse besuchen, immer und immer wieder, Bücher immer zum gleichen Thema lesen. Dabei setzen wir aber nie das Gelesene um, es bleibt Theorie.

Wobei mir wichtig ist, dass all das wundervoll ist, wenn wir im Vertrauen sind und neue Erfahrungen auch machen wollen, sie umsetzen, weil wir ihnen vertrauen, wir suchen nicht mehr, wir kommen an.

Vertrauen sollte auch nicht verwechselt werden mit: nichts tun. Am Anfang meines spirituellen Weges dachte ich, wenn ich vertraue, dann wird Gott oder das Universum schon für mich sorgen, auf mich achten. Heute weiß ich, vertraue ich darauf, dass es das tut.

Der Unterschied zu damals ist nur, ich bestelle heute beim Universum meinen Parkplatz. Ich weiß einfach, dass ich einen Parkplatz bekomme, und trotzdem muss ich mich auf den Weg in die Stadt machen, um ihn zu bekommen, es ist keine Suche, es ist die Gewissheit, dass er da ist.

Genauso wie ein Baby, das sich bemerkbar macht. Es schreit und die Mutter kommt. Also erst eine Handlung, dann folgt die Reaktion.

Bittet, so wird euch gegeben; suchet, so werdet ihr finden; klopfet an, so wird euch aufgetan.

Denn wer da bittet, der empfängt; und wer da sucht, der findet; und wer da anklopft, dem wird aufgetan.
Welcher ist unter euch Menschen, so ihn sein Sohn bittet ums Brot, der ihm einen Stein biete oder, so er ihn bittet um einen Fisch, der ihm eine Schlange biete? So denn ihr, die ihr doch arg seid, könnt dennoch euren Kindern gute Gaben geben, wie viel mehr wird euer Vater im Himmel Gutes geben denen, die ihn bitten!

MATTHAEUS 7, 7–11

DIE ANALE PHASE ODER DAS SYSTEM
DES FESTHALTENS UND LOSLASSENS

Wenn das erste Lebensjahr beendet ist, kommen wir in die anale Phase, wie sie Freud nannte. In der analen Phase lernen wir unter anderem unseren Unmut über ungestillte Bedürfnisse zu artikulieren.

Wenn wir in der oralen Phase noch erfahren haben, dass, wenn wir schreien, die Mutter oder die Bezugsperson kommt, haben wir jetzt sehr viel mehr Möglichkeiten entwickelt. Wir lernen sprachlich unseren Unmut oder unsere Freude auszudrücken. Wir lernen, über unsere Gefühle zu reden (ich bin wütend). Wenn wir dann noch lernen, dass jemand auf diese Sprache reagiert und sogar unsere Bedürfnisse befriedigt, haben wir gute Voraussetzungen gehabt, denn wir haben gelernt, dass wir selbst etwas dazu beitragen können, wenn sich etwas verändern soll.

Was lernen wir noch in der Zeit vom ersten bis dritten Lebensjahr? Als

Erstes lernen wir krabbeln, lernen zu laufen. Wir entfernen uns also das erste Mal von der Mutter.

Wir haben noch kein „Ich", sondern sind Bestandteil des Systems der Bezugsperson, die ich hier mal Mutter nenne. Wir sind da, können uns aber noch nicht erfassen, wir haben noch keine Selbstreferenz.

Wir krabbeln von unserer Mutter weg und schauen darauf, wie die Mutter reagiert. Ist sie besonders ängstlich oder überfürsorglich? Oder vertraut sie? Ist sie ambivalent (siehe Ambivalenz), kann sie sich selbst zugestehen mal „böse", mal „lieb" zu sein?

All das übernehmen wir mit der vorab beschriebenen Bauchebene wertfrei, denn unser Kopf arbeitet noch nicht sehr komplex.

Wir können das erste Mal aufs Töpfchen, sind in der Lage, unsren Schließmuskel auf- und auch wieder zuzumachen. Wir erfahren uns das erste Mal als Selbsthandelnder.

Wir sind auf das Vertrauen unserer Mutter angewiesen. Wenn sie also genug Vertrauen hat, können wir lernen, von ihr wegzulaufen oder sie festzuhalten.

Da diese Phase im Alter von ca. 13 Jahren wiederholt wird, sollten wir uns an dieser Stelle mal überlegen, wer von uns das in dem Alter ganz praktisch mal gemacht hat. Also wer ist mal in dieser Zeit von zu Hause weggelaufen? Und da wir das Gleiche dann noch einmal mit ca. 43 erleben, spricht eine erhöhte Trennungsrate in dieser Zeit Bände.

Ich habe in dieser Zeit angefangen, meine erste Ehe in Frage zu stellen.

Die meisten Ursachen von sogenannten psychischen Krankheiten werden bis heute noch nach schulmedizinischer Sicht mit der analen Phase in Verbindung gebracht.

In der Arbeit im Systemstellen mit dem „inneren Kind" (siehe Helfer) wird dieses Thema oft berührt.

Worin besteht also die Lernaufgabe der analen Phase, das Wichtigste neben loslassen und festhalten können, ist, sich sicher zu fühlen. Das setzt natürlich Vertrauen voraus, das eine bedingt das andere.

Genau das darf durch das Festhalten und Loslassen gelernt werden, denn wenn wir uns sicher fühlen, können wir auch alles wieder loslassen, es wird mir nichts genommen, es wird nur transformiert, macht Platz für Neues.

Es dient dafür, Platz zu machen, Platz für Beweglichkeit, Platz für neue Erfahrungen usw.

Einen leeren Eimer können wir wieder füllen, einen vollen können wir nicht mehr füllen, es ist die Balance, der halb volle Eimer, einer, der noch was aufnehmen kann und der doch etwas beinhaltet.

Ein kleiner Fragebogen dazu gibt uns die Gelegenheit, einmal zu überprüfen, ob wir diese Phase für uns beendet haben.

	JA	NEIN
Kannst du gut loslassen?	X	
Kannst du gut festhalten?	X	
Hast du Angst davor, etwas Neues auszuprobieren?		X
Fühlst du dich sicher?	X	
Hast du Angst, verlassen zu werden?		X
Fällt es dir schwer, spontan zu sein?		X
Wäre es dir peinlich, vor einer Gruppe zu singen oder etwas vorzutragen, wenn es dir guttäte?		X
Hörst du oft auf andere?		X
Hast du das Gefühl, wenn dir jemand etwas vorschlägt, diesen Vorschlag annehmen zu müssen?		X
Bist du eifersüchtig?		X
Machst du dir häufig Sorgen?		X
Hast du Konflikte mit Autoritätspersonen?		X
Gibt es jemanden, der dir häufig vorhält, du wärst geizig mit Geld, Gefühlen oder Zuneigung?		X

	JA	NEIN
Bist du außergewöhnlich sauber und ordnungsliebend?		X
Hast du Angst vor Zorn oder Wut, deiner oder der von anderen?		X
Vermeidest du Konflikte?		X
Vermeidest du ein direktes Nein?		X
Vermeidest du ein direktes Ja?		X
Bist du anderen gegenüber auffallend kritisch?		X

Wenn die Phase bewältigt wurde, sollten die Kreuze übereinstimmen!

TROTZALTER IN DER ANALEN PHASE

Im letzten Teil der analen Phase ungefähr mit drei Jahren kommen wir in das Trotzalter. Es ist sozusagen der Abschluss der analen Phase oder der Übergang zur ödipalen Phase. Man könnte es auch als eine Zwischenphase bezeichnen, in der das Ich-Bewusstsein entsteht. Wir erfahren mit einem Mal, dass wir da sind, das „Ich" beginnt zu entstehen.

Mit zwei Jahren halten wir uns noch die Augen zu und denken, wir sind weg. Auf einmal ist das anders, wir erkennen uns, sind auch mit geschlossenen Augen da. Das macht uns erst einmal Angst.

In dieser Zeit haben wir meist das Bedürfnis, wieder nachts zu unseren Eltern ins Bett zu kriechen, oder wir wollen ein Nachtlicht im Zimmer angemacht haben.

Auf der einen Seite sind wir sehr wohl schon in der Lage zu erkennen, dass wir viel kleiner sind als der Rest der Welt da draußen. Gleichzeitig haben wir noch keine Fähigkeit zu sehr komplexen Denkmöglichkeiten. Wir können vergleichen, erkennen Groß und Klein, erkennen, dass die Großen besser zurechtkommen, zumindestens die, die sich durchsetzten. Denn wir können vergleichen. Mit den einfachsten uns zur Verfügung stehenden Mitteln suchen wir uns jetzt einen Beschützer. Einen, dem wir zutrauen auf uns aufzupassen, einen, mit dem man

3. ORDNUNGEN VON SYSTEMEN

nicht alles tun kann. Und unsere Phantasie ist da sehr erfinderisch, wir testen das nämlich selbst. Also wird gegen Schienbeine getreten, geschrien, mit dem Kopf auf den Boden geschlagen und allerlei andere lustige Sachen, bis sich mal jemand wehrt.

Das ist dann in der Regel ein für uns akzeptabler Aufpasser. Wenn das dann auch noch unsere Eltern sind, super. Wir fühlen uns wieder sicher, die Trotzphase kann beendet werden.

Für die meisten Eltern bedeutet das, in dieser Zeit verstärkt klare Grenzen zu ziehen, sich durchzusetzten, was wiederum bedeutet, Sicherheit zu geben.

Dieses Beispiel verdeutlicht mir immer wieder, wie wichtig Grenzen sind, sie geben uns Sicherheit. Nur wer seine eigenen Grenzen kennt, wer sie für sich ausgetestet oder erfahren hat, fühlt sich sicher und kann auch anderen dieses Gefühl vermitteln.

Eine schöne Meditation zu diesem Thema ist:

MEDITATION

Folgende Meditaion ist hilfreich, vielleicht sprichst du sie dir auf ein Handy und spielst sie für dich ab. Du könntest auch einen Freund bitten, dessen Stimme du magst, sie aufzunehmen.

> Suche dir einen bequemen Platz, stelle alle Störungsquellen ab und nimm dir Zeit für dich.
> Als du auf die Welt kamst, hast du gelernt alleine zu atmen.
> Du weißt also, wie es ist, ein- und wieder auszuatmen
> Du weißt also, wie es ist, den Atem festzuhalten
> Und den Atem wieder loszulassen.
> Spüre in diesen Prozess des Festhaltens und Loslassens hinein.
> Du kannst jetzt alle Dinge loslassen, die du jetzt nicht brauchst.
> Du kannst Gedanken loslassen, du kannst ausatmen.
> Du kannst Entspannung spüren, du kannst einatmen.

Du kannst Gefühle loslassen, du kannst ausatmen.
Du kannst Ruhe spüren, du kannst einatmen.
Du hast schon als Kind gelernt ein vollkommendes Gleichgewicht herzustellen.
Du kannst einatmen.
Du kannst ausatmen.
Betrachte dich als Kind und spüre dein Vertrauen zu diesen Fähigkeiten.
Du kannst einatmen, du kannst festhalten.
Du kannst ausatmen, du kannst loslassen.
Du kannst einatmen.
Du kannst ausatmen.
Du hast gelernt im Gleichgewicht zu sein.

AFFIRMATIONEN

Affirmationen sind Sätze, die uns helfen eine hilfreiche Betrachtungsweise zu bekommen.

- Ich bin so froh, dass du da bist.
- Ich habe für dich einen besonderen Platz vorbereitet.
- Ich mag dich so, wie du bist.
- Ich werde dich nie verlassen, ganz egal was passiert.
- Ich finde, dass deine Bedürfnisse gerechtfertigt sind.
- Ich lasse dir so viel Zeit, so viel du brauchst, um deine Bedürfnisse zu befriedigen.
- Ich bin so froh, dass du ein Junge / Mädchen bist.
- Ich werde mich um dich kümmern, und ich habe auch schon entsprechende Vorbereitungen getroffen.
- Es macht mir Spaß, dich zu füttern, dich zu baden, dich umzuziehen und meine Zeit mit dir zu verbringen.
- Auf der ganzen Welt gibt es niemanden, der so ist wie du.
- Als du auf die Welt gekommen bist, hat Gott gelächelt.

DIE ÖDIPALE PHASE ODER DAS SYSTEM
DER GESCHLECHTLICHEN IDENTITÄT

Spannend an diesem Thema ist meiner Meinung nach, dass wir uns trotz der Emanzipation gar nicht wirklich so weit entwickelt haben. Es gibt zwar heute mehr Frauen, die ihren „Mann" stehen, und doch scheint es hier viele Missverständnisse und Unzufriedenheit zu geben. Wo sind die starken Frauen, die Weiblichkeit nicht nur zum Lustgewinn oder zur Manipulation nutzen? Fragen wir Frauen, möchten viele „wirkliche" Männer! Doch fragen wir sie genau, bekomme ich häufig eher diffuse, von Filmen gezeichnete „Vorstellungen".

Die Frauen sind unüberwindlich: erst verständig,
dass man nicht widersprechen kann, -
liebevoll, dass man sich hingibt, -
gefühlvoll, dass man nicht wehtun mag, -
ahnungsvoll, dass man erschrickt.

JOHANN WOLFGANG VON GOETHE

Ich arbeite mit vielen recht jungen Männern. Was mir in den letzten Jahren immer häufiger begegnet ist, ist die phantastische Möglichkeit zur Nutzung der kognitiven Ebene, es wird philosophiert, analysiert und schräg gedacht. Doch wenn es um den Ausdruck von Gefühlen geht, scheint es am Zugang zu fehlen, was natürlich nicht nur auf Männer zutrifft.

Ach Du lieber Gott! was so ein Mann
Nicht alles, alles denken kann!

JOHANN WOLFGANG VON GOETHE

Frage ich Männer, so haben sie sehr genaue „Vorstellungen", meist über das Aussehen oder die Werte, und doch fand ich bisher noch keinen Mann, der eine Frau an seiner Seite hatte, die diesen „Vorstellungen" entsprach.

Welch Glück sondergleichen, ein Mannsbild zu sein!
JOHANN WOLFGANG VON GOETHE

Viele junge Frauen oder auch junge Männer haben unendlich viel Gefühl, einen Kopf voller sich wetteifernder Gedanken und ihnen fehlt oft die Möglichkeit, sich von diesen Gedanken nicht bestimmen zu lassen oder sie sogar als wahr zu erachten. Oft folgt damit die Verleugnung der Intuition, denn sie wird als Gedanke oder undefiniertes Gefühl unterdrückt.

Wo also bleibt die gelebte freie Emotion?

Das Internet und der leichte Zugang zu Medien haben einen unglaublichen Druck aufgebaut. Wenn wir heute jung sind, kennen wir bereits alle sexuellen Stellungen, da sie uns in mannigfaltiger Weise in den Medien begegnen.

Wir habe wenig Chancen, uns unsere Welt von Männlichkeit und Weiblichkeit zu erschließen, auszuprobieren, uns selbst zu entwickeln. Uns umgeben Bilder vom sogenannten Perfektionismus, von einer Art von Sexualität, die in den meisten Fällen nur noch wenig mit „Vereinigung" oder Freiheit zu tun hat. Dabei fällt gar nicht auf, dass wir dabei irgendwelchen Vorbildern entsprechen, die wenig mit uns zu tun haben müssen. Bilder werden somit mit Gefühlen verknüpft, die so gar nichts miteinander zu tun haben müssen.

Auch wird nach immer mehr Erfahrung der Ablehnung, dem eigenen Erleben misstraut und diese Gefühle werden weggetan, oftmals für Jahrzehnte. Es hat einmal wehgetan und soll es fortan nicht mehr tun.

Dabei gab es da am Anfang noch eine Mutter und einen Vater und im besten Fall durften die Mädchen Prinzessinnen sein, die Jungen sich in die Mama verlieben und sie beschützen wollen, wenn sie denn dann groß sind?

Im Familienstellen überprüfe ich daher gerne, ob diese Vorbilder auch gefühlt integriert sind. Erst wenn wir beide Anteile von Weiblichkeit und Männlichkeit in uns zur Verfügung haben, haben wir eine Wahlmöglichkeit.

In den meisten Fällen gab es eine Kindergartenzeit, in der alles ausprobiert wurde, was mit unserer Geschlechtlichkeit zu tun hatte. Wir durften Rollen spielen, uns verkleiden. Mal die männliche Rolle als Ritter oder Indianer, mal die Prinzessin oder Elfe.

Vom Weitpinkeln bis jede Öffnung erkunden wurde auf der Körperebene alles ausprobiert, es war wohl von allem was dabei. Wir hatten im besten Fall ein gesundes Verhältnis zu unserem Körper, und Mädchen wie auch Jungs haben sich selbst erkundet und befriedigt.

Beim Familienstellen habe ich die Möglichkeit, hier viel mit Archetypen zu arbeiten.

Der Begriff der Archetypen stammt unter anderem von C.G. Jung und sagt im Grunde nur aus, dass es die Idee von dem idealisierten Typ von etwas ist, die ideale Form. Ich werde in einem separaten Teil noch einmal auf das Thema Archetypen eingehen.

In der Aufstellung kann ich dann die Urmutter, also den Archetyp Mutter oder den Archetyp Vater hineinstellen und so überprüfen, ob der Klient alle Ressourcen aus dieser Phase erhalten hat. Auch kann ich die Archetyp-Mutter und den Archetyp-Vater als Liebespaar hineinstellen und schauen, wie hilfreich es ist, dieses Vorbild zu spüren.

Es kann uns natürlich auch in dieser Phase passiert sein, dass es da einen strafenden Erwachsenen, ob Kindergärtnerin, Großeltern oder Eltern lasse ich an dieser Stelle mal offen, gegeben hat.

Einen, der die natürliche Sexualität oder Lust oder sogar den Körper verteufelt, tabuisiert hat. In dem Fall war mit dem natürlichen Umgang erst mal Schluss, von jeglicher Form der Traumatisierung ganz zu schweigen.

Dann ist es heute sehr viel öfter so, dass wir häufiger alleinerziehende Mütter oder Väter haben oder beide arbeiten und es bleibt kein Raum, um sich in den Papa oder die Mama zu verlieben. Damit fehlt die erste Identifizierung mit dem geschlechtlichen Gegenüber und wir suchen möglicherweise eine ganze Zeit unsere sexuelle Orientierung oder Zugehörigkeit.

Und selbst bei einem „intakten" Elternhaus: Wie sind denn so unsere Mütter und Väter, haben wir Vorbilder für eine wundervolle Beziehung, eine Leben in Freude, mit der Fähigkeit, seine Gefühle zu benennen, und mit der Fähigkeit zu kommunizieren in einer wertvollen und achtungsvollen Art und Weise? Mit Lust auf Sexualität und einem damit befreiten Umgang.

In der Aufstellungarbeit ist es einfach, wir können die idealen Eltern hineinstellen und uns alle „fehlenden" Ressourcen geben lassen. Allein diese Aufstellung bewirkt immer wieder außergewöhnlich vieles.

Ein anderes Thema dazu ist: Was hatten unsere Eltern eigentlich für Vorbilder, oder deren Eltern?

Wenn wir uns das mal bewusst machen, finden wir in der Regel sehr schnell sehr viel mehr Verständnis für unsere Eltern.

In der Aufstellungsarbeit wird oft sichtbar, wie wenig wir wirklich von unserem Umfeld wissen und wie viel wir hineininterpretieren.

Auch wird beim Aufstellen oft sichtbar, wie wenig das Gefühl, die Intuition ernst genommen wird, oftmals wird das „Denken" vor das Gefühl gestellt.

Wie viele Frauen feiern ihre Weiblichkeit? Wie viele Männer ihre Männlichkeit?

Und doch gibt es Lichtblicke neben der Aufstellungsarbeit, für gelebte Weiblichkeit oder auch Männlichkeit für Männer, wie das Man Kind Projekt oder Weiblichkeitsseminare oder Bücher wie die Kraft der Regenbogenschlange, in dem die Frauen sich wieder erinnern dürfen.

DIE LATENZZEIT
ODER DAS SYSTEM DES AUSSEN

Die Latenzzeit, wie sie Freud einmal genannt hat, lässt uns als Kind in die Schule kommen. Wir haben ein „Ich", können einfache Prozesse im Gehirn erkennen, benennen und darstellen.

Die Außenorientierung beginnt, was gibt es da noch so außer Mama oder Papa, die Familie, ein paar Freunde, und wie kann ich in diesem Umfeld ohne eine helfende Hand der Mutter oder des Vaters bestehen? Erste Erfahrungen im Gruppenverhalten in der Kindergartenzeit waren da möglicherweise hilfreich, andere Erfahrungen möglicherweise nicht.

In dieser Phase geht es also als Lernaufgabe um unser Verhalten in der Gruppe oder auch das Verhalten der Gruppe uns gegenüber und wie wir damit umgehen. In der Wiederholung der Latenzzeit Ende der Pubertät ist es dann eher so wie in einer Werbung: Mein Haus, mein Boot, mein Garten, meine Nachbarn, mein Job ...

In der Schule sind es dann die Gruppen, denen wir uns zugehörig fühlen oder denen wir ein Leben lang hinterherlaufen und nach Anerkennung oder Aufmerksamkeit streben. Die Aufmerksamkeit des elterlichen Systems wird hier abgelöst in Form von Anerkennung im Außen. Da können wir uns dann selbst hinterfragen, wo wir unsere Anerkennung gefunden haben.

Hilfreiche Fragen, damit wir uns in Gruppen erfassen können:

- Wieso bin ich das eine und nicht das andere, bin Anführer oder jemand, der hinterherläuft?
- Warum fühle ich mich wie das eine und nicht wie das andere?
- Spiele ich gerne den Clown?
- Bin ich eher der Introvertierte?
- Nach außen oder nach innen orientiert?

ERWACHSEN WERDEN

Ein Freund erzählte mir einmal, die Maya meinten, erst mit 52 sei man erwachsen. In den 52 Jahren habe man dann alle Konstellationen einmal erlebt. Ab da kann man dann eine neue Perspektive einnehmen, da ja alles bereits einmal erfahren wurde. Mir gefällt diese Idee, auch in der Entwicklungspsychologie sind wir dann wohl ungefähr mit allen Phasen mehrmals durch, möglicherweise wäre ein ganzheitlicher Ansatz wohl dann der, dass wir uns dann auf Körperebene den Spiegel vorhalten lassen dürfen.

Ich glaube, dass der Körper immer der Spiegel meiner Seele ist, mit 52 ist dann aber auf der körperlichen Ebene sehr gut zu sehen, welche Spuren das Leben hinterlassen hat.

Alle unsere Erfahrungen spielen eine Rolle in unserem Sein, und jeder hat da seine einzigartigen Erfahrungen, ist in seinen einzigartigen Systemen aufgewachsen und hat dabei die ein oder andere Einstellung, den ein oder anderen Glaubenssatz übernommen, und viele von uns haben diese Werte oder Glaubensätze bis heute nicht überprüft.

Auch mir begegnet der ein oder andere Glaubenssatz auf die unterschiedliche Art und Weise auch heute noch.

Hatten wir eine Chance? Vielleicht nicht, möglicherweise doch, eine schöne Übung dazu von einem meiner Lieblingstrainer, Michael Breen:

Suche dir einen ruhigen Platz – Nimm Papier und Stift – Geh in deine Vergangenheit zurück und Schreib die Punkte auf, an denen Du vermeintlich an einer Weggabelung standest und DU wirklich die „freie" Wahl hattest, (ungeachtet möglicher Konsequenzen) in eine andere Richtung zu gehen.

Es erbt der Eltern Segen, nicht ihr Fluch.
JOHANN WOLFGANG VON GOETHE

3. ORDNUNGEN VON SYSTEMEN

Das Schöne ist, wir haben JETZT eine Chance, etwas zu ändern.

Wir können uns jetzt genau in dieser Minute eine neue Erfahrung, ein neues Gefühl abspeichern und wir können, wenn wir ein wenig üben, daraus eine neue Wahlmöglichkeit bekommen.

In der Aufstellungsarbeit zeigt sich dieses Ergebnis in der Regel sofort.

Und das ist doch eine wundervolle Vorstellung!

AMBIVALENZEN

In einer frühen Entwicklungsstufe, also in der oralen sowie der analen Phase erleben wir die Mutter oder die Bezugsperson als ambivalent. Das bedeutet, die Mutter hat mal gute Laune, mal schlechte Laune, sie ist mal „böse", mal „gut". Und im besten Fall erlaubt sie sich auch all diese unterschiedlichen Gefühle. Wenn sie das nicht tut, habe ich keine Vorbildfunktion für meine Ambivalenzen und werde sie verdrängen, verleugnen oder wie auch immer meine Abwehr aussieht. In der Aufstellung erkenne ich das dann an der Abwehr und kann die Klientin mit all ihren unterschiedlichen Seiten aussöhnen. Sie lernt, dass sie alle da sein dürfen.

Sie benennt sie sogar.

Ein Beispiel: Als mein Sohn noch sehr klein war, hatte ich schlechte Laune, und als mein Sohn mich ansprach, sagte ich ihm: Sprich mich besser später noch mal an, ich habe gerade ganz schlechte Laune. Tage später, als meine Mutter mal zu Besuch kam, sagte mein Sohn zu ihr: Oma, sprich nicht mit mir, ich habe schlechte Laune. Hätte ich diesen Teil aber in mir abgelehnt, vielleicht weil ich den Glaubenssatz hätte: Eine Mutter darf das nicht, hätte ich diesen Teil in mir verurteilt und auch mein Sohn hätte sich dafür verurteilt, jedes Mal, wenn er schlechte Laune hat.

Wenn denn dann noch das Verhalten mit den äußeren Gefühlen übereinstimmt, habe ich gelernt, dass ich ambivalent sein darf, dass es da wohl eine Seite von mir gibt, die ..., und eine andere, die wiederum das ...

Wenn sich die Bezugsperson diese Ambivalenz allerdings nicht erlaubt, kann es bei den Kindern später zur Unterdrückung der Ambivalenz kommen oder der Abwertungen unterschiedlichster Seiten oder Aspekte. Das kann auch eine Dissoziation sein.

Eine Flucht aus der Ambivalenz kann auch eine psychische Erkrankung sein.

Ich muss mich ja nicht entscheiden, weil (ein Teil – eine Seite) ist krank, ich kann ja nicht. Ich bin ja krank.

Das kann auch eine Abwehr sein, nämlich das Ignorieren der Ambivalenz, es gibt nur eine Seite.

Ambivalenz kann auch auf unterschiedlichen Ebenen stattfinden, indem die Mutter sagt: Ich liebe dich, und sich aber einer Umarmung entzieht, das Gesagte und das Verhalten stimmen nicht überein.

ASSOZIATION

Durch unsere verschiedenen Eindrücke auf der Ebene von VAKOG erleben wir uns in der Regel ganz. Wir haben ein Zeitempfinden, eine Körperwahrnehmung, Erinnerung an unsere Identität, können die Umwelt wahrnehmen, es stehen alle Gefühle zur Verfügung.

DISSOZIATION

In der Dissoziation haben wir bestimmte Teile nicht zur Verfügung. Der Kontakt kann bewusst, in der Regel unbewusst unterbrochen werden. Das können Abspaltungen von Körperteilen sein, die nicht mehr wahrgenommen werden, oder Teile der Erinnerung sowie auch Erinnerungen an Identität oder ähnliches.

3. ORDNUNGEN VON SYSTEMEN

Einfache Beispiele:

Wir sind im Urlaub (assoziiert) oder wir schauen uns Urlaubsfotos an (dissoziiert).

Wir erleben eine Autofahrt (assoziiert), wir haben keine Ahnung, wie wir da oder dort hingekommen sind (dissoziiert).

Wir haben Sex (assoziiert), wir schauen uns einen Erotikfilm an (dissoziiert).

4. WISSENSWERTES BEIM FAMILIENSTELLEN

STATISTEN

WAS IST EIN STATIST?

Ein Statist ist jemand, der sich für eine ihm unbekannte oder fremde Rolle in einem System zur Verfügung stellt.

Auch wenn wir uns in vielen Systemen emotional wiederfinden

können. Fremd unterscheide ich insofern von unbekannt, dass es Gefühle z.B. aus kulturellen Unterschieden geben kann, die gänzlich keine Referenz in meinem System haben.

Ein Beispiel dafür war einmal ein Statist aus Köln, der für einen japanischen Vater in der Rolle stand und sagte: Es ist mir ein Rätsel und ich verstehe es auch nicht, aber ich liebe meinen Sohn, das kann ich spüren, auch wenn der Ausdruck mir völlig fremd ist.

Der Statist wird in der Regel vom Aufsteller oder vom Aufstellungsleiter intuitiv ausgesucht. Ich empfehle, den Aufsteller aussuchen zu lassen.

Anschließend wird er so auf die Aufstellungsfläche geführt, dass er in der für den Aufsteller richtigen Beziehung zu dem vom Aufsteller gewählten System steht. Der Aufsteller nimmt dabei den Statisten und führt ihn an den Schultern so lange im Raum herum, bis er die Position hat, die sich für ihn stimmig anfühlt.

Aber da ich kurz zuvor gesagt habe, unsere Vorfahren sollten uns zum Muster dienen, so gelte als erste Ausnahme, dass man nicht ihre Fehler nachahmen muss.

MARCUS TULLIUS CICERO

REGELN FÜR STATISTEN

Ich frage jeden Statisten bevor ich ihn in eine Aufstellung hinein-nehme, ob er die Rolle auch möchte. Dafür muss er nicht wissen, was er ist, er soll sich einfach dabei auf sein Gefühl verlassen.

Bei allen Stellvertretern und Statisten gilt, dass auch sie so wertfrei und voreingenommen wie möglich bleiben sollten. Kennt der Statist das System, nehme ich in der Regel einen anderen Statisten.

In der Praxis ist es natürlich nicht immer einfach, selbst neutral zu bleiben. Wie können wir unterscheiden, ob das unsere Gefühle oder die der Person sind, für die wir stehen?

Nach meiner Erfahrung ist das nicht möglich und auch nicht wichtig. Es hat immer einen Sinn, warum gerade diese Person da steht, wo sie steht. Ist das zu erklären? Nein, das ist es nicht.

Hier hören die rationalen Erklärungen für mich auf.

Ich verlasse mich dabei immer auf mein Gefühl. Wenn ich das Gefühl habe, dass die Person in der Statisten-Rolle zu viel von ihrem eigenen Thema einbringt, dann tausche ich sie aus. Dadurch, dass sich der neue Statist ähnlich verhält, kann ich sehr schnell herausfinden, ob es stimmig war oder nicht.

Können Männer für Frauen stehen oder umgekehrt? Natürlich geht das, es spielt an sich keine Rolle. In der Kommunikation, habe ich die Erfahrung gemacht, gibt es da Unterschiede, aber an sich gilt das auch eine für gleichgeschlechtliche Auswahl.

Jeder drückt sich so aus, wie er oder sie es kann, nehme ich einen anderen Statisten an die gleiche Stelle, kann es natürlich sein, dass er sich anders ausdrückt. Die Richtung des Inhalts bzw. der Sinn oder Grundtenor bleibt gleich, das Gefühl sollte übereinstimmen.

WANN TAUSCHE ICH EINEN STATISTEN AUS?

Es passiert das ein oder andere Mal, dass Statisten wie bereits im vorigen Kapitel erwähnt ausgetauscht werden sollten.

Dafür gibt es mehrere Gründe.

GRUND 1:

Mein Gefühl sagt mir, hier passiert irgendetwas, das möglicherweise hier nicht hineingehört. Mir reicht das aus, um den Statisten zu wechseln. Ich kann ja bei der nächsten Person, die ich für den Statisten hineinstelle, überprüfen, ob er sich genauso verhält.

GRUND 2:

Manchmal passiert es, dass der Statist dramatisiert, stark emotional wird und das Gefühl vermittelt, er lebt sich in der Statistenrolle aus. Dann wechsele ich sofort aus. Der Verdacht, dass jemand eine Übertragung hat, drängt sich hier leicht auf. Es spielt letzten Endes keine Rolle, warum es so ist, ich wechsele lieber einmal zu viel aus als einmal zu wenig.

GRUND 3:

Der Statist bekommt keinen Zugang zu dem, wofür er steht.

Auch das kann vielfältige Gründe haben, auch hier gilt auswechseln und überprüfen.

AUFSTELLUNGSVARIANTEN

Es gibt unterschiedliche Formen von Aufstellungen.

Kern ist, ob die Bezeichnung der Elemente / Rollen für die Anwesenden im Ganzen oder in Teilen transparent ist.

BLINDE AUFSTELLUNG

Bei einer blinden Aufstellung weiß weder der Aufsteller noch die Statisten, wer oder was sie sind oder für wen oder was sie auf der Fläche stehen oder wen sie im System repräsentieren. Die Personen, Gefühle oder Elemente der Aufstellung sind bekannt, werden aber nicht bekannt gegeben. Eine Methode wäre, Zettel zu ziehen, worauf steht, was sie sind, und sie werden ungelesen in die Tasche gesteckt. Es kann auch eine vollständig blinde Aufstellung für den Aufsteller geben. Ich persönlich mag gerade diese Form, da ich mich dann nur noch auf mein Gefühl verlassen kann.

HALBBLINDE AUFSTELLUNGEN

Dabei wissen nur Teile der Statisten oder der Aufsteller nicht, was jemand ist.

OFFENE AUFSTELLUNGEN

Jeder weiß, was der andere ist.

KÖRPERSPRACHE

Wissen ist nur ein Gerücht, solange es nicht in den Muskeln ist.
ROBERT DILTS

Ich möchte in diesem Buch ein wenig über Körpersprache schreiben. Zu diesem Thema gibt es eine Menge Literatur und auch eine Menge Fachleute, die ich Ihnen ans Herz legen möchte.

Ich rate jedem, der mit Menschen arbeitet oder selbst vorhat, Aufstellungen zu leiten, in der Richtung ein paar Kurse zu besuchen. Empfehlungen von mir zu unterschiedlichen Fortbildungen sind im Anhang zu finden.

An dieser Stelle gehe ich auf typische Ausdrücke der Körpersprache ein, die mir bei meinen Aufstellungen wiederholt begegnen. Selbstverständlich ist dies meine Interpretation, allerdings durch Erfahrung bestätigte.

VERSCHRÄNKUNGEN ALLER ART

Verschränkungen stehen dafür, etwas schützen oder verdecken zu wollen, hier gilt es zu klären, wer oder was geschützt wird.

FEHLENDER AUGENKONTAKT

Die Augen sind immer wieder der Spiegel der Seele und wenn sie nicht schauen wollen oder können, gilt es zu fragen:

- Wer will nicht sehen? Wer will nicht gesehen werden? Warum darf er da nicht hinschauen? Warum will er das nicht?

UNRUHE

Jegliche Unruhe wird von mir hinterfragt, es ist immer ein bisschen das Zeichen von Gefahr oder dass sich gleich etwas anbahnt.

AMBIVALENZEN

Immer wenn ich merke, dass die Körpersprache widersprüchlich zum Gefühl oder zur Sprache ist, frag ich nach. Ich überprüfe die Abwehr.

Mit den Händen spielen

Hände haben für mich immer etwas mit handhaben, begreifen zu tun. Auch hier frage ich gezielt nach.

- Versteht da jemand etwas nicht?
- Möchte da jemand etwas begreifen?
- Möchte da jemand etwas verstecken?
- Ist das Abwehr?
- Warum?

VERSTÄRKTE BETONTE RECHTE KÖRPERSEITE

Die rechte Körperhälfte auf der Körperebene steht für mich für die Männlichkeit. Auch hier gilt es nachzufragen.

- Warum stehst du so?
- Ich nehme die eine Seite betonter wahr, wie nimmst du es wahr?
- Wie nimmst du deine Körperhaltung wahr?

Aus meiner Erfahrung kann es bei manchen Menschen z.B. bei Linkshändern umgekehrt sein.

VERSTÄRKTE BETONTE LINKE KÖRPERSEITE

Die linke Körperhälfte auf der Körperebene steht für die Weiblichkeit. Auf der Kopfebene ist es genau umgekehrt. Auch hier frage oder fühle ich nach, alles sind erst einmal Vorannahmen und Erfahrungen.

FEHLENDES WAHRNEHMEN VON KÖRPERTEILEN

In der Regel schaue ich, wofür das einzelne Körperteil steht, also Beine möglicherweise für die Fortbewegung, Füße für die Standhaftigkeit etc. Ich frage immer nach, denn was für mich stimmt, kann für den Statisten genau das Gegenteil sein.

Grundsätzlich gilt also: fragen, fragen, fragen und nochmals fragen ...

ÜBERTRAGUNG
UND GEGENÜBERTRAGUNG

ÜBERTRAGUNG

Der Begriff der Übertragung stammt aus der Psychologie und wurde von Sigmund Freud geprägt.

Wir haben schon früh Gefühle oder Erwartungen an unser ursprüngliches System geknüpft. Diese Gefühle sind manchmal unbewusst. So verbinden wir mit bestimmten Menschen bestimmte Erwartungen, z.B. dass sich die Mutter um uns kümmert oder dass ein Partner so oder so sein soll (insbesondere Rollenerwartungen). Ich stülpe meine Erwartungen anderen über, weil ich Erwartungen so gelernt habe und mit bestimmten Rollen wie Mutter verknüpfe. Oder ich habe die Erfahrung gemacht, dass die Erwartung unerfüllt blieb, dann übertrage ich die Vor-Erfahrung.

Ein klassisches Beispiel ist vielleicht, wenn sich ein Schüler in den Lehrer verliebt, weil der ihn daran erinnert, dass sich um ihn gekümmert wird. Es geht aber nicht um die Person des Lehrers, nur um sein Verhalten.

Grundsätzlich kommt das, ohne dass jemand Schaden nimmt, relativ häufig vor. Wenn jemand allerdings seine eigenen unbewussten Bedürfnisse z.B. als Statist miteinbringt, sollte er ausgetauscht werden.

Beispiel: Jemand empfindet spontane Sympathie oder Antipathie gegenüber jemanden, die Ursache liegt aber in der eigenen Vergangenheit und dem damit verbundenen Erlebnis.

Auch hierbei gilt als Aufstellungsleiter sich sehr auf das Gefühl zu verlassen, in der Regel fällt ein solches Verhalten auf. Auch sollte der Aufsteller selbst gut darauf achten, keine Werte aus seinem eigenen Systemen auf seine Klienten zu übertragen.

GEGENÜBERTRAGUNG

Die Gegenübertragung ist auch eine Form der Übertagung.

In der Aufstellungsarbeit würde das bedeuten wie im oben genannten Beispiel, dass auch der Aufstellungsleiter seine Gefühle, in dem Fall Sympathie, auch noch aus seinem System miteinfließen lässt, sozusagen doppelt gemoppelt.

Der Aufstellungsleiter verlässt hierbei aus verschiedenen Motiven – in der Regel vorübergehend – seine neutrale Position.

POSITIONEN

WIE FINDET JEMAND ODER ETWAS EINE POSITION BEI DER AUFSTELLUNGSARBEIT?

Ich kann es gar nicht häufig genug erwähnen, immer auf das Gefühl verlassen. Positionen ergeben sich einfach während des Stellens. In der Regel habe ich immer wieder erlebt, dass mit Wollen wenig zu machen war.

Auch das Schlussbild ist ein Bild, das unterschiedlicher nicht sein kann.

Manchmal stehen Familien im Kreis und fühlen sich wohl, manchmal haben sie sich auch voneinander entfernt, alles ist möglich, wenn es sich zum Schluss gut für die Klientin anfühlt und sie zukünftig die Möglichkeit hat, zur Handelnden zu werden.

ABWEHRMECHANISMEN

Das Konzept der Abwehr(mechanismen) stammt aus der Psychoanalyse und bezeichnet überwiegend unbewusste Reaktionen zur Abwehr unerwünschter Veränderungsimpulse. Freud spricht von der Abwehr durch das Ich gegenüber unerwünschter Triebimpulse, ausgelöst durch das Es. Ich bezeichne Freuds Es als Bauchebene und das Ich als Kopfebene.

Zur Verdeutlichung ein Beispiel:

Ich gehe auf eine Beerdigung und anstatt dem Impuls des Weinens zu folgen, lache ich laut nach außen. Die Emotion der Bauchebene will weinen, das Ich wehrt sich und lacht. Diese Abwehr kann als Vermeidung oder Verdrängung bezeichnet werden.

Die Abwehr gehört im psychoanalytischen Modell von Freud zu den Ich-Funktionen. Abwehrmechanismen sind hilfreich zur Bewältigung unbewusster psychischer Konflikte und damit Grundlage der Fähigkeit zur Selbststeuerung.

Hätte ich keine Abwehr, könnte ich in bestimmten lebensbedrohlichen Situationen nicht überleben. Zum Beispiel sind wir in der Lage, einen Teil von uns abzuspalten, um uns nicht weiter mit lebensbedrohlichen Situationen und Traumen umgeben zu müssen. Die Erinnerung wäre vielleicht zu zerstörend oder zu belastend.

Im Zeitpunkt ihrer Entstehung ist die Abwehr die bestmögliche Bewältigungsstrategie, um in unserem System zu bestehen. Dabei kann die Abwehr sehr hilfreich sein. Bestmöglich ist ohne Wertung, erst mal geht es nur um ein Bestehen im gegebenen System. Das es geht „gut" im System ist zweitrangig.

Ein ganzes System wird durch die Abwehr stabilisiert und aufrechterhalten, in bestimmten Abhängigkeitssituationen ist dies lebensnotwendig.

Somit ist Abwehr erst einmal ein Schutz, der mir dazu dient, im gegebenen System mein psychisches Gleichgewicht zu erhalten.

Durch die Unbewusstheit der Abwehr steht diese mir nicht direkt zur Veränderung zur Verfügung. Erst nach Entdeckung und Erkenntnis, dass es sich um eine Abwehr handelt, kann ich diese auf einer bewussten Ebene nach Bedarf verändern. Ich werde wieder zum Selbst-Gestalter.

„Abwehrmechanismen [...] sind potentielle Bahnungen, die sich aus bereits bestehenden normalen Ich-Funktionen ohne Abwehrbedeu-

tung aufbauen und auf Angstsignale hin in Tätigkeit gesetzt werden. [...] Ziel der Abwehr sind Konflikte, die durch „Triebbefriedigungsversuche" ausgelöst wurden (innere Konflikte) und Affekte erzeugen, die nicht erträglich sind und beseitigt werden müssen. Diese Strategien wurden als intrapsychische Vorgänge gesehen, die zum Ziel hatten, Wünsche in der mentalen Innenwelt so zu verändern, dass eine reale Objektbeziehung möglichst konfliktfrei verläuft."

Vgl. Moser, Ulrich (2009), S. 21
Psychoanalytisches Modell, Freud, S. (1971), S. 238–241

Ich stelle hier einige Abwehrmechanismen vor, die mir am häufigsten im Familienstellen begegnen.

UNTERDRÜCKUNG/VERDRÄNGUNG

Verdrängung ist ein Abwehrmechanismus, der vor allem die Aufgabe hat, die Klientin vor einem bedrohlichen Einfluss zu schützen. Die Klientin erinnert sich zwar noch, die Abwehr erschwert ihr aber die bewusste Erinnerung an ein Erlebnis.

Bauchgefühle wie Schuld oder Scham oder ein niedriges Selbstwertgefühl werden in das sogenannte „Unbewusste" verdrängt.

Von dort aus können diese Gefühle allerdings in Träumen oder als unbewusste Ersatzhandlungen wieder zutage treten.

Beispiel: Ich habe Ereignisse verdrängt, wo ich von der Mutter abgelehnt wurde.

Moser, U. (2009, S. 36)

REAKTIONSBILDUNG

Die Klientin unterdrückt aufkommende Gefühle oder Motive werden durch entgegengesetzte Gefühle/Motive unterdrückt.

Beispiel: Mitleid statt aggressiver Impulse oder Hassgefühle, Fröhlichkeit anstatt Trauer, wenn Trauer schaden könnte

Freud, S. (1971), S. 247

REGRESSION

Die Klientin zieht sich überwiegend unbewusst auf eine frühere Entwicklungsstufe zurück.

Beispiel: Trotzverhalten, Fresslust, Suche nach Versorgung. Oft auch bei Verliebten zu sehen, wenn sie in eine Babysprache wechseln.

Freud, S. (1975), S. 146

VERLEUGNUNG

Die Klientin verleugnet einen äußeren Realitätsausschnitt. Dieser Realitätsausschnitt wird in seiner Bedeutung nicht anerkannt. Im Gegensatz zu Verdrängung, wo ein innerer Realitätsausschnitt ignoriert wird.

Beispiel: Das war nicht so, das habe ich nie so gesagt oder erlebt.

Moser, U. (2009), S. 35

VERMEIDUNG

Triebregungen werden umgangen, indem die Klientin Schlüsselreize vermeidet.

4. WISSENSWERTES BEIM FAMILIENSTELLEN

Beispiel: Ich vermeide Situationen, in denen ich zum Beispiel Lust empfinden könnte.

Moser, U. (2009), S. 35

VERSCHIEBUNG

Phantasien und Impulse werden von einer Person, der sie ursprünglich gelten, auf eine andere verschoben, so dass die ursprünglich gemeinte Person unberührt bleibt.

Beispiel: Wut gegen eine tadelnde Autoritätsperson wird in Form von Beschimpfungen oder Tritten als Aggressionsverschiebung an einem Hund ausgelassen.

Freud, S. (1975), S. 115–117

SPALTUNG

Die Klientin verteilt inkompatible Inhalte auf mehrere innere Anteile. Sowohl die Anteile als auch das Selbst werden in „gut" und „böse" aufgeteilt. „Gute" Anteile werden idealisiert, „böse" werden entwertet.

Im Extremfall werden die abgespalteten Anteile komplett verdrängt.

Beispiel: Bei Missbrauch oder Trauma eine lebensnotwendige Abwehr.

Freud, S. (1974), S. 87

PROJEKTION

Die Klientin schreibt eigene psychische Inhalte und Selbstanteile (vor allem Affekte, Stimmungen, Absichten und Bewertungen) anderen Personen zu.

Beispiel: Du liebst mich doch auch nicht mehr?!

Moser, U. (2009), S. 59/60

INTROJEKTION UND IDENTIFIKATION

Diese Abwehr gilt der Angst vor Bedrohungen von außen. Die Klientin integriert bedrohliche äußere Einflüsse wie bestimmtes Verhalten, Anschauungen, Normen oder Werte einer anderen Person in die eigene Ich-Struktur. Das andere Individuum wird von ihr so nicht mehr als Bedrohungen von außen erlebet.

IDENTIFIKATION MIT DEM AGGRESSOR

Bei einem gewaltsamen Übergriff bzw. einer psychischen Grenzüberschreitung wird die Verantwortung für das Geschehen sich selbst zugeschrieben und/oder die Einstellung oder das Verhalten eines Angreifers übernommen. Beides dient der Abwehr unerträglicher Angst- und Hilflosigkeitsgefühle und einer symbolischen Rückerlangung von Kontrolle.

Freud, S. (1975), S. 45–49

RATIONALISIERUNG

Die Klientin argumentiert mit rational-logischen Handlungsmotiven. Diese werden als alleinige Beweggründe für Handlungen angegeben oder vorgeschoben.

Für mich wohl der meistgenutzte Abwehrmechanismus.

Beispiel: Ich erkläre oder begründe mein Verhalten, Motive, Sichtweisen. Warum es nur so geht und nicht anders.

Ehlers, W. (2002), S. 17

SUBLIMIERUNG ODER SUBLIMATION

Die Klientin ersetzt nicht erfüllte Triebwünsche durch gesellschaftlich höher bewertete Ersatzhandlungen. Damit befriedigt sie den Triebwunsch.

Beispiel: Kunst, Wissenschaft, Musik, Sport, exzessive Arbeit rücken in den Vordergrund, dahinter verbirgt sich ein unerfüllter Trieb.

Milch, W. (2001), S. 19

SOMATISIERUNG

(Abwehr unter Beteiligung körperlicher Symptome)

Der nicht wahrgenommene Konflikt der Klientin drückt sich in Form körperlicher Beschwerden aus, dass seine eigentliche Gestalt ignoriert wird.

Beispiel: Rückenschmerzen, weil ich mir zu viel auflade, Bauchschmerzen, weil ich meine Gefühle runterschlucke.

WELCHE HINWEISE GEBEN MIR ABWEHRMECHANISMEN?

Wenn ich merke, dass jemand während einer Aufstellung oder während des Vorgespräches in Abwehr ist, würdige ich erst einmal die Situation. Bei mir bedeutet es, ich akzeptiere die Abwehr, es ist okay, dass sie sich zeigt, sie darf da sein und wird wertneutral erst einmal nur zur Kenntnis genommen.

Als Beispiel: Eine Klientin ist in der Trauer, weint aber nicht, sondern macht immer wieder Witze. Dann lasse ich sie diese Witze machen, erkenne aber dahinter die Abwehr. Der Schmerz ist wahrscheinlich noch zu groß oder die Angst, vor mir zu weinen. Ich lasse die Klientin ihre Witze machen.

Es hat immer einen Grund, warum die Abwehr sich zeigt.

Habe ich die Abwehr erkannt, kann ich in der Aufstellungsarbeit die möglichen Sicherheiten, Ressourcen oder Handlungen dazu geben, die es braucht, damit die Abwehr nicht mehr nötig ist. Das können Emotionen, Archetypen sein oder was auch immer gebraucht wird.

Wenn ich dabei z.B. Vertrauen oder Sicherheit hineinstelle, kann die Abwehr überflüssig werden und im ganzen System verändert sich etwas.

Wenn ich die Abwehr ignoriere, komme ich meistens nicht weiter. Das wiederum ist ein schönes Anzeichen, dass noch eine Abwehr da sein könnte.

In der Aufstellungsarbeit habe ich den Vorteil, sofort zu erkennen, ob etwas hilfreich ist oder auch nicht, ich wechsele es einfach so lange aus, bis ich etwas ins System stelle, das hilfreich ist.

Dafür ist es wichtig, die Abwehr zu erkennen und zu schauen, was es anstelle der Abwehr braucht, damit es die Abwehr selbst nicht mehr braucht.

Der Geist des Wirklichen ist das Wahre Ideelle.
JOHANN WOLFGANG VON GOETHE

GLAUBENSSÄTZE

Glaubenssätze sind in meiner Wahrnehmung hervorragend in dem Buch von Robert B. Dilts, Tim Hallbom und Suzi Smith mit dem Titel „Identität, Glaubenssysteme und Gesundheit" beschrieben.

Hier beschränke ich mich auf das für das Familienstellen Wesentliche. Ich rate aber Allen, die mit Menschen arbeiten wollen, sich intensiver mit dem Thema Glaubenssätze auseinanderzusetzen.

Wenn wir eine Aufstellung machen, werden wir im Vorgespräch auf den ein oder anderen einschränkenden Glaubenssatz treffen. Die Klientin möchte von dem gegenwärtigen Zustand in einen gewünschten Zustand kommen.

Wenn wir den Zielsatz ausgearbeitet haben, wird er oft mit dem gegenwärtigen Zustand verglichen und wir stoßen dabei auf einschränkende Glaubenssätze, wie z.B.: Ich kann nicht abnehmen.

Die Frage, die sich jetzt stellt, ist: Welche Ressourcen braucht die Klientin, um diesen Glaubenssatz zu verändern und in der Folge ihren Zielsatz überzeugend aussprechen zu können?

Natürlich kann sich auch eine Abwehr oder ein Sekundärgewinn hinter dem Glaubenssatz verstecken (siehe Abwehrmechanismen oder Sekundärgewinn). Hinter dem Abnehmen kann also vielleicht die Angst stecken, zu attraktiv zu sein und damit nicht umgehen zu können (Abwehr), oder dadurch, dass wir nicht abnehmen, bietet uns ständig jemand seine Hilfe an (Sekundärgewinn).

Haben wir Glaubenssätze in uns, die unser Ziel boykottieren, werden wir Schwierigkeiten haben, das gewünschte Ziel zu erreichen.

Glaubenssätze beeinflussen unser Verhalten, denn wenn ich wirklich an etwas glaube: „Ich bekomme den Parkplatz!", erreiche ich in den meisten Fällen auch mein Ziel.

Glauben wir daran, unsere Ziele zu erreichen, glauben wir wahrscheinlich auch, dass die Aufstellung und der Zielsatz zu erreichen sind; glauben wir nicht daran, unsere Ziele zu erreichen, könnte es Einschränkungen geben.

Beispiel: Die Klientin glaubt daran, dass sie nie etwas schafft oder zu Ende bringt, wünscht sich aber in der Aufstellung den Abschluss ihrer Ausbildung. Ich werde also erst einmal eine Ausnahme finden müssen, bei der sie etwas zu Ende brachte. Damit kann sie einen neuen Glaubenssatz kreieren und sie ist ihrem Ziel einen Schritt näher gekommen.

Glaubt die Klientin daran, dass sie sowieso nichts tun kann, um Zustände zu verändern, wird es durch die Aufstellung schwer, etwas zu verändern. Die Klientin muss etwas tun, um etwas zu verändern.

Es gilt also am Anfang und auch während der Aufstellung herauszufinden, welche Glaubenssätze können hinderlich sein, dass die Klientin zum Zielsatz gelangt.

Glaubenssätze müssen für uns nicht logisch sein, sie sind in der Regel eher unlogisch, doch sie sind wirksam für die Klientin und beeinflussen unser Verhalten.

Wichtig ist nicht der Wahrheitsgehalt einer Aussage, sondern ihre Wirksamkeit in den praktischen Ergebnissen.

Der Glaubenssatz entsteht am häufigsten durch eine emotionale Erfahrung. Im Anschluss wurde der Glaubenssatz durch vielfältige Erfahrungen und Annahmen bestätigt und geformt. Deshalb ist es wichtig, die Glaubenssätze zu erkennen und nötigenfalls zu verändern. Insbesondere Glaubenssätze in Bezug auf Ursachen und Verantwortlichkeiten gilt es zu überprüfen.

Es gibt

- Glaubensätze in Bezug auf Ursachen
  Beispiel: An allem waren meine Eltern schuld.

- Glaubensätze in Bezug auf Bedeutungen
Beispiel: Weil mir die Figur so wichtig ist, esse ich nichts, denn nur so bleibe ich schlank.

- Glaubensätze in Bezug auf die Identität
Beispiel: Ich bin erfolglos.

Glaubenssätze werden oft mit Konstrukten begründet, auch wenn sie keinen wirklichen logischen Sinn ergeben.

Beispiel: Ich bin erfolglos, weil ich kann ja machen was ich will, ich habe das ja noch nie geschafft.

In der Regel strebt die Klientin wie bei der Abwehr unbewusst danach, ihren Glauben aufrechtzuerhalten und zu bewahren. Oft verbirgt sich eine Angst hinter ihrem Glaubenssatz. Denn die Folgen, ohne den Glaubenssatz zu leben, sind noch unbekannt. Was passiert, wenn im Beispiel oben die Klientin auf einmal Erfolg hätte?

Da Glaubenssätze meist unbewusst sind, gilt es erst einmal, die Glaubenssätze ausfindig zu machen und zu identifizieren.

Wichtig ist also zunächst zu schauen, was verbirgt sich hinter dem Glaubenssatz. Im Anschluss: Was braucht die Klientin, um den einschränkenden Glaubenssatz durch einen hilfreicheren zu ersetzen?

In der Aufstellungsarbeit können wir solche Glaubenssätze sichtbar machen und sogar direkt mitaufstellen.

Für die direkte kognitive Umdeutung von Glaubenssätzen bieten sich folgende Ansätze an:

- Negativer-Future-Pace aus dem NLP:
Wenn du weiter so denkst, wo siehst du dich dann in 10 Jahren?
- If-not-Frame aus dem NLP:
Wenn du nicht so denken würdest, wo siehst du dich dann?

THE WORK VON BYRON KATIE:

- Ist das wahr?
- Kannst du mit absoluter Sicherheit wissen, dass das wahr ist?
- Wie reagierst du, was passiert, wenn du diesen Gedanken glaubst?
- Wer wärst du ohne den Gedanken?
- Was wäre, wenn du das nicht denken könntest?

WUNDERFRAGE VON STEVE DE SHAZER:

- Wenn morgen ein Wunder passiert ist, was wäre anders?

Die Wunderfrage ist aus meiner Erfahrung sinnvoller in einer längeren Therapiesitzung anzuwenden.

Ein schöner und einfacher Ansatz für den Veränderungsimpuls ist das Reframing aus dem NLP.

Finde gemeinsam mit der Klientin eine Situation, die eine Ausnahme darstellt, in welcher der Glaubenssatz nicht stimmt. Damit ist seine uneingeschränkte Wahrheit zumindest widerlegt.

Wichtig sind auch Glaubenssätze in Bezug auf das System und die geplante Veränderung. Was glaubt die Klientin passiert mit dem System, dem Außen, wenn der von ihr integriert wird? Gibt es einschränkende Glaubensätze, z.B.: meine Familie macht das niemals mit, oder: dann muss ich meine Familie verlassen etc.?

Glaubenssätze geben Hinweise auf Hindernisse. In ihrer Beachtung und der Arbeit mit ihnen geht es darum, neue Möglichkeiten des und

damit verbundene neue Glaubensätze zu schaffen.

SEKUNDÄRGEWINNE

Ein Beispiel:

Eine Klientin möchte von mir eine bestimmte Diagnose. Mit der Bestätigung der Diagnose durch mich hat sie Anspruch auf Leistungen der Krankenkasse oder Hilfe beim Arbeitgeber.

Ihr Gewinn wäre die Leistung der Krankenkasse.

Ihr Sekundärgewinn: Sie bekommt nicht nur die Leistung der Krankenkasse, sie braucht auch nicht ins Büro, also Freiheit, oder Mitleid durch die Kollegen oder die Familie, also Aufmerksamkeit. Dieser würde vielleicht die oben genannte Patientin daran hindern, darüber nachzudenken, in den Heilungsprozess zu gehen, ihr Sekundärgewinn ist zu hoch.

Denken wir einmal an eine Person, die immer alles für andere tun möchte. Sie macht das immer so, der Grund ist unbedeutend.

Obwohl sie es oft nicht möchte, etwas für andere zu tun, fühlt sie sich geradezu gezwungen. Auf einmal bekommt sie häufiger somatische Kopfschmerzen. Die Kopfschmerzen sind wahrscheinlich nicht angenehm, doch sie verhelfen der Klientin zu einer guten Ausrede und damit zu einer Möglichkeit, eine Pause einlegen zu können, mal nichts für andere zu tun, und das ist somit ein Gewinn, der Sekundärgewinn ist die Zeit und die Ruhe, die sie bekommt.

Sekundärgewinne sind also Vorteile, die oft unbewusst sind. Personen beziehen sie aus einem bestimmten Verhalten oder sogar einer Krankheit.

Das kann von Aufmerksamkeit bis zu finanziellen Vorteilen alles sein.

Wichtig bei der Arbeit im Familienstellen ist die Art des Ausdrucks vom Sekundärgewinn zu ersetzen, damit das gewünschte Ziel erreicht werden kann. Also anstatt krank zu werden, zu sagen: Ich brauche jetzt Ruhe.

5. RESSOURCEN

HISTORISCHES
ÜBER META-PROGRAMME

Die Entdeckung der Meta-Programme geht auf die „psychologischen Typen" von C.G. Jung zurück (1923). Er ging davon aus, dass jedes Individuum eine Präferenz hat, die Dinge wahrzunehmen und zu beurteilen. Er unterschied in jeweils zwei Arten des Wahrnehmens und Beurteilens – die Sinneswahrnehmung und die intuitive Wahrnehmung sowie die analytische Beurteilung und die gefühlsmäßige Beurteilung.

Später erweiterte er diese beiden um eine weitere Präferenz, der Art, ob ein Mensch eher außenwelt- oder innenweltorientiert ist, also eher extrovertiert oder introvertiert. Aus der Kombination der Wahrnehmungs-, Beurteilungs- und Orientierungsmuster ergaben sich acht Grundtypen.

Roth, W. (2011), S. 221–228
Jung, C.G. (2012), S. 22–42

„Frei ist, wer in Ketten tanzen kann."
FRIEDRICH NIETZSCHE

METAPROGRAMME

- Hin zu – weg von
  Ich möchte mir einen Freund suchen, oder ich möchte nicht mehr alleine sein ...
  Was motiviert mich? Ist es das Ziel oder eher von etwas wegzukommen?

- Intern – Extern
  Ich kaufe ein Auto, weil es mir gefällt, oder ich schaue darauf, was andere denken, und beziehe sie mit in meine Entscheidung ein?
  Wie entscheide ich? Alleine? Oder mache ich meine Entscheidungen vom „Außen" abhängig?

- Proaktiv – Reaktiv – Inaktiv
  Ich handle; ich handle, weil ich muss; ich warte ab H a n d l e ich, weil ich mich so entschieden habe, ist es mir lieber, andere entscheiden für mich, möchte ich lieber einfach nur abwarten?

5. RESSOURCEN

- Global – Spezifisch/Detail
  Ich nehme es eher nicht so im Detail, wenn das Grobe stimmt, oder ich muss sehr genau wissen, wann, wie und wo.
  Siehst du es eher als großes Ganzes? Oder eher detailverliebt?

- Zeitorientierung
  Vergangenheit, Gegenwart, Zukunft, zeitlos
  viele ältere Menschen leben möglicherweise mehr in der Vergangenheit, Jugendliche eher in der Zukunft, Meditierende wohl eher im Jetzt
  In welchem Zeitgefühl lebe ich?

- Selbst – Andere:
  Ich – Du – Wir
  Was ist mein Fokus, liegt er eher bei mir oder ist es eher die Verantwortung für andere?
  Auf was lege ich mehr wert, auf mich, auf dich oder auf ein Uns?

- Träumer – Realist
  Kritiker   Ich habe viele Ideen und träumen sehr viel, ich stehe mit beiden Beinen auf dem Boden, ich finde garantiert das Haar in der Suppe. Träume ich, habe ich viele Ideen?
  Bin ich bodenständig und realistisch? Bin ich eher kritisch?

Menschen sind nicht an sich, sondern immer im Zusammenhang mit ihrem zeitlichen und räumlichen Umfeld zu sehen.

FREI NACH ALFRED GRAF KORZYBSKI

Nach all den, so finde ich, unterschiedlichsten Betrachtungsweisen wird möglicherweise klar, wie vielfältig die Möglichkeiten der Herangehensweisen sich im Familienstellen ergeben. Wie viele davon sind uns bewusst, wie viele davon eher übernommen, angelernt, unbewusst?

Und doch bestimmen sie so viel von unserem Alltag. Jedes Metapro-
gramm hat Einfluss auf unsere Betrachtungsweise, habe ich sie
erkannt, kann ich sie nutzen oder auch verändern.

*Man muß die Dinge nur aus der richtigen Perspektive sehen. Als
Goliath den Israeliten entgegentrat, dachten alle Soldaten: Er ist
so groß, den können wir niemals überwältigen. Auch David sah sich den
Riesen genau an und sagte sich: Der ist so groß, den kann ich gar nicht
verfehlen.*

UNBEKANNT

KOMMUNIKATION

WIE KOMMUNIZIERE ICH?

Eine für mich wichtige Regel beim Stellen ist die Art der Kommunikationsform des Leiters sowie auch der Stellvertreter untereinander

Dabei finde ich den Ansatz von Marshall Rosenberg „Konflikt – gewaltfreie Kommunikation" sehr hilfreich.

Dabei geht es darum, auf folgende Punkte zu achten:

1. ICH-BOTSCHAFTEN

- Ich erlebe
- Ich beobachte

In meiner Sprache vermeide ich die Wörter wie Du, damit ich in der eigenen Verantwortung bleibe und keine Konfrontation ausübe.

2. MEINE GEFÜHLE, EMPFINDUNGEN SCHILDERN

- Ich drücke das aus, was ich empfinde, ich teile meine Welt der Wahrnehmung.

3. EIGENE BEDÜRFNISSE IN DEN FOKUS BRINGEN

- Ich spreche über meine Bedürfnisse und teile meine Welt.

4. BITTEN! EINLADEN ...

- Nach meiner Erfahrung ist die Aufstellungsarbeit mit diesen einfachen Regeln sehr viel einfacher.
- Wörter wie du, wir oder man werden vermieden.
- Auch das Wort „nicht" gehört in die Kommunikation, denn auf der Stellfläche werden die meisten Dinge wörtlich genommen, das Wort „nicht" kennt das Unterbewusstsein aber nicht. Wörter wie „zuhören" werden zu „hinhören". Oder „zuschauen" zu „hinschauen", die meisten „zu"-Wörter werden vermieden. Jeder Stellvertreter oder Leiter übernimmt für sich und seine Gefühle die Verantwortung. Für die Stellvertreter natürlich aus der Rolle heraus betrachtet. Aus unbewusster Sprache wird bewusste Sprache.

KRITIK IM FEEDBACK

Oft beim Systemischen Stellen stehen wir wie vor einer Wand, ich nenne das, wenn es mir passiert, die weiße Wolke, nichts geht mehr, mein Gehirn hat sozusagen getillt. In solchen Fällen bin ich sehr dankbar für jede Form von Feedback, ich bin allerdings auch sehr empfindlich, da meine Emotionen Karussel fahren.

Nicht nur in solchen Fällen sind Feedbackregeln sehr hilfreich.

Es ist bei Paartherapie oder Couple Coaching das erste Werkzeug, das ich an meine Klienten weitergebe. Man sollte meinen, dass diese einfachste Form des Miteinander-Umgehens selbstverständlich ist, ist sie nach meiner Erfahrung eher nicht, erst recht nicht in emotionalen Phasen.

Deshalb stelle ich hier ein recht simples Modell vor, das den Umgang miteinander sehr vereinfacht.

DIE DREI WS: WAHRNEHMUNG – WIRKUNG – WUNSCH

Warum brauche ich Feedbackregeln?

Nach meiner Wahrnehmung brauche ich sie für folgende Punkte:

- Verbesserung der Kommunikation
- Vermeidung der Konfrontation
- Selbstbild überprüfen (Wirkung und Verhalten erkennen)
- Fremdbild überprüfen
- Beziehungen klären
- Arbeitsfähigkeit verbessern

Ablauf beim Feedbackgeben und -nehmen

Wie gehe ich vor, wenn ich Feedback gebe? Folgende Formulierungen sind dabei hilfreich:

- Ich habe beobachtet / wahrgenommen ...
- Mir ist aufgefallen ... (Ich-Botschaften)
- Ich habe dabei gedacht / gefühlt ...
- Meine Reaktion war ...
- Ich würde mir wünschen, das ...

REGELN

Natürlich sollte es Regeln für beide Beteiligten geben, nachfolgend die Grundlagen.

Regeln Feedback-Geber:
- Auftrag abholen
- Beschreiben, was ich sehe und höre (keine Bewertung, keine Interpretation)

- Positives zuerst
- Kritik anfangen mit dem Wort „und", nicht mit dem Wort „aber"
- Konkrete genaue Beschreibung
- Ich-Botschaften
- Hilfreich und zeitnah

Regeln Feedback-Empfänger:
- Geschenk annehmen
- Dankbar und lernfähig hinhören
- Keine Rechtfertigung, Verteidigung oder Angriff an den Geber – auf Abwehrmechanismen achten
- Aktives Hinhören (Was genau meinst Du?)
- Bedanken

Ich umgebe mich in der Zwischenzeit mit vielen Trainern und so kommt es, dass das Hilfsmittel Feedback sehr dazu beiträgt, kleine und auch weniger kleine Veränderungen noch gezielter anzugehen.

In meiner Welt gehört es zur Glaubwürdigkeit eines guten Therapeuten, Trainers oder Coaches, feedbackfähig zu sein, somit also auch zu jedem, der Familienstellen anbieten möchte.

„SAUBERE" ARBEIT

Ich möchte an dieser Stelle mal damit anfangen, den Begriff, den viele, die schon mal bei mir bei einer Aufstellung waren, kennen dürften, „saubere Arbeit" zu erklären.

Ich verstehe darunter, dass ich alles, was ich anfange, auch beende, es sei denn, mit dem Nichtbeenden kann mehr erreicht werden. Darüber aber gerne noch an anderer Stelle mehr.

Dazu gehört vor allen Dingen, dass ich jeden, den ich rufe, einlade auf der Aufstellung zu erscheinen, auch wieder entlasse.

Bei bereits verstorbenen Menschen lege ich dabei Wert darauf, dass sie nach der Aufstellung oder auch schon währenddessen verabschiedet werden. Meistens trenne ich dafür einen Teil des Raumes ab. Manchmal mit einer Schnur, einem Tuch oder auch mit Stühlen. Dann führe ich oder jemand anderes die Gerufenen wieder hinaus. Ich achte dabei darauf, dass sie ganz weg sind (auch das ist wieder Gefühlssache), und lasse die Stellvertreter auch kurz den Raum verlassen und wieder hereinkommen.

Die Regel lautet also: Wen ich rufe, verabschiede ich auch wieder.

Am Schluss dieses Abschnittes findet ihr einen Text, Kosmische Gesetze, er stammt aus meiner frühen spirituellen Arbeit und hilft mir bis heute dabei, „sauber" zu arbeiten.

AHNEN UND HELFER

In der Aufstellungsarbeit kann ich alles hineinstellen, nach dem Motto: Was hilft, das heilt. Der Klient entscheidet, was hilfreich ist, ob das ein Hund, ein Baum, ein Schutzengel ist.

Alles kann ein Helfer sein, auch materielle Dinge wie Geld oder ein Heim. Ich nutze dabei sehr gerne innere Kinder oder Archetypen. Auch hier gilt, ich rufe nur, mit was ich auch umgehen kann.

Ein sehr schöner Text, der mich sehr inspiriert:

DIE SIEBEN KOSMISCHEN GESETZE NACH
HERMES TRISMEGISTOS = THOT (HERMETISCHE GESETZE)

- Das Prinzip des Geistes
  Alles ist Geist. Die Quelle des LEBENS ist unendlicher Schöpfergeist. Das Universum ist mental. Geist herrscht über Materie. Jeder Mensch kann also jederzeit aus der Unwissenheit in das Wissen des Lebens eintreten und bewusst das Erbe der Vollkommenheit des Menschen und der Schöpfung annehmen. Dadurch verändert er die Welt. Gedanken schaffen und verändern. Deine Gedanken, dein Bewusstsein schaffen deine Erlebniswelt.
  Entscheidend ist dabei die Intensität des inneren Wünschens und Sehnens.
  Achte auf deine Gedanken – sie können schaffen und zerstören!

- Das Prinzip von Ursache und Wirkung = KARMA
  Jede Ursache hat eine Wirkung – jede Wirkung hat eine Ursache. Jede Aktion erzeugt eine bestimmte Energie, die mit gleicher Intensität zum Ausgangspunkt / zum Erzeuger

zurückkehrt. Die Wirkung entspricht der Ursache in Qualität und Quantität. Gleiches muss Gleiches erzeugen. Aktion = Reaktion.

Dabei kann die Ursache auf vielen Ebenen liegen. Alles geschieht in Übereinstimmung mit der Gesetzmäßigkeit. Jeder Mensch ist Schöpfer, Träger und Überwinder seines Schicksals. Jeder Gedanke, jedes Gefühl, jede Tat ist eine Ursache, die eine Wirkung hat. Es gibt also keine Sünde, keine Schuld, kein Zufall und kein Glück, sondern nur Ursache und Wirkung, die viele Jahrhunderte und Existenzen auseinanderliegen können. „Glück" und „Zufall" sind nur Bezeichnungen für das noch nicht erkannte Gesetz.

Warum hast du bestimmte Eigenschaften? Woher kommen deine Verhaltensmuster?

Bedenke bei all deinem Denken, Fühlen, Handeln die Wirkung. Lasse Hass, Wut und Angst los und öffne dich dem unbedingten Trauen und der LIEBE. Du allein bist für dich selbst verantwortlich!

- Das Prinzip der Entsprechungen oder Analogie
  Wie oben – so unten, wie unten – so oben. Wie innen – so außen, wie außen – so innen. Wie im Großen – so im Kleinen. Für alles, was es auf der Welt gibt, gibt es auf jeder Ebene des Daseins eine Entsprechung.
  Du kannst daher das Große im Kleinen und das Kleine im Großen erkennen. Wie du innerlich bist, so erlebst du deine Außenwelt. Umgekehrt ist die Außenwelt dein Spiegel. Wenn du dich veränderst, verändert sich alles um dich herum.

- Das Prinzip der Resonanz
  Gleiches zieht Gleiches an und wird durch Gleiches verstärkt. Ungleiches stößt einander ab.
  Das persönliche Verhalten bestimmt die persönlichen Verhältnisse und die gesamten Lebensumstände. Deine Negativität zieht Negatives, Dunkles an und kann zu Depression und Tod führen.

- Prinzip der Harmonie oder des Ausgleichs
  Der Fluss allen Lebens heißt Harmonie. Alles strebt zur Harmonie, zum Ausgleich. Das Stärkere bestimmt das Schwächere und gleicht es sich an.
  Das Leben besteht aus dem harmonischen Miteinander, dem Geben und Nehmen der Elemente und Kräfte, die in der Schöpfung wirken. Durch Horten und Festhalten entsteht ein Stau, der zu Krankheit und Tod führt. Leben ist Austausch, Bewegung. Verschiedene Wirkungen gleichen sich immer aus, so dass so schnell wie möglich wieder Harmonie und Ausgleich hergestellt wird. Das Leben ist ständiges GEBEN und NEHMEN. Das Universum lebt durch dynamischen Ausgleich in Leichtigkeit, Harmonie und LIEBE. Geben und Nehmen sind verschiedene Aspekte des Kosmischen Energiestromes.
  Indem wir das geben, was wir suchen, lassen wir den Überfluss in unser Leben ein. Indem wir Harmonie, Freude und Liebe geben, erschaffen wir in unserem Leben Glück, Erfolg und Fülle.
  Von der Fülle des Lebens bekommt man nur so viel, wie man sich selbst der Fülle gegenüber öffnen kann. Der Mensch öffnet sich, indem er alle bewussten und unbewussten Gedanken an Mangel und Begrenzung in sich auflöst, sich von allen alten Begrenzungen trennt und Neues, Unbegrenztes wagt. Wer Fülle nicht lebt, dem bleibt sie versagt.
  Nimm die Fülle an. Bereichere dich nicht auf Kosten anderer. Du musst alles bezahlen, was du bekommst (es sei denn, es wurde dir geschenkt). Gib, um zu bekommen.
  Über diesem Gesetz – über allen Gesetzen – steht die Gnade GOTTES!

- Prinzip des Rhythmus oder der Schwingung
  Alles fließt hinein und wieder hinaus. Alles besitzt seine Gezeiten. Alles steigt und fällt. Alles ist Schwingung. Nichts bleibt stehen – alles bewegt sich. Der Pendelschwung zeigt sich in allem. Das Ausmaß des Schwunges nach rechts entspricht dem Ausmaß des Schwunges nach links. Rhythmus ist ausgleichend. Überwinde Starrheit und lebe Flexibilität. Alles, was starr ist, muss zerbrechen.

- Prinzip der Polarität und der Geschlechtlichkeit
  Alles besitzt Pole. Alles besitzt ein Paar von Gegensätzen. Gleich und Ungleich ist dasselbe. Gegensätze sind ihrem Wesen nach identisch, sie tragen nur entgegengesetzte Vorzeichen, haben unterschiedliche Schwingungsfrequenzen. Alle Wahrheiten sind halbe Wahrheiten – außer der WAHRHEIT GOTTES, die EINS ist. Jedes Paradoxon soll in Einklang gebracht werden – in die Mitte.
  Urteile und werte nicht. Erkenne auch die Gegenmeinung an. Verurteile nicht.
  Alle haben Recht. Alles ist gut. Geschlechtlichkeit ist in allem. Alle Geschlechtlichkeit ist gleichzeitig Einheit.
  Geschlechtlichkeit manifestiert sich auf allen Ebenen. Alles besitzt männliche und weibliche Elemente. Alles ist männlich und weiblich zugleich. Geschlechtlichkeit drängt zur Einheit. Aber tatsächlich ist Geschlechtlichkeit Einheit, wie du am TAO sehen kannst. Die Einheit enthält das männliche und das weibliche Prinzip.
  Lebe deinen männlichen und weiblichen Aspekt gleicher-maßen. Sei ausgewogen. Sei im Gleichgewicht – in deiner Mitte.

ARCHETYPEN

Archetypen sind idealtypische Vertreter einer Idee. Also so etwas wie die Idee von der idealen Mutter oder eine Idee von dem idealen Krieger.

Wofür brauche ich das im Familienstellen?

Es ist manchmal sehr heilsam, sich vom Archetyp Mutter in den Arm nehmen zu lassen. Wenn die Eltern der Klientin möglicherweise keinerlei hilfreiche Ressourcen zur Verfügung haben, die meiner Klientin weiterhelfen, nehme ich die idealen Eltern hinein. Es kann den Prozess um einiges verkürzen und so der Klientin alles geben, was sie braucht, um weiter zu arbeiten.

Ich verändere damit nicht die Vergangenheit, ich biete lediglich neue Ressourcen an.

Archetypen gibt es in sehr unterschiedlichen Deutungen und Bildern, wir finden sie genauso bei C.G. Jung wie in Tarotkarten oder Mythen. Hier möchte ich einige aufzählen, die ich für hilfreich halte.

Ihre Bedeutung gebe ich ihnen während der Aufstellung noch einmal, indem ich einfach ausspreche, was sie sind. Je nach Bedarf werden bestimmte Anteile hervorgehoben.

DIE MUTTER

Die Mutter ist liebevoll und nährend. Sie beschützt, sie nimmt uns an, so wie wir sind. Sie ist weise Ratgeberin und auch Gefährtin. Sie kann alles sein, die Königin der Familie, wenn sie herrschen muss, die Dienerin, wenn sie dienen muss, die Hure für ihren Mann, die Geliebte für ihren Mann, die Kriegerin, um ihre Kinder zu beschützen, und auch die Weise, die achtungsvoll berät.

DER VATER

Der Vater ist liebevoll, ist Ernährer und achtet auf unsere Sicherheit. Er nimmt uns an, so wie wir sind. Er ist weiser Ratgeber und auch Gefährte. Er kann alles sein, der König der Familie, wenn er herrschen muss, der Diener, wenn er dienen muss, der Geliebte für seine Frau, der Krieger, der seine Familie beschützt, und auch der Weise, der achtungsvoll berät.

DAS KIND

Das Kind kann unter anderem für unser inneres Kind stehen, aber auch für alle kindlichen Anteile. Es kann seine Gefühle offen zeigen wie Wut, Traurigsein oder Freude. Es spielt und ist spontan. Es zeichnet sich aus durch Kreativität, Begeisterungsfähigkeit, Staunen, Spontanität, Neugier, Lebendigkeit, Ideenreichtum.

DER KRIEGER

Der Krieger dient, er dient dem König und dem Volk. Er greift nur an, wenn er muss, und dann ist er bereit sein Leben einzusetzten. Er kämpft nie gegen etwas, sondern immer für etwas. Er bewacht und beschützt die Grenzen. Er achtet auf Sicherheit und stellt sich ganz zur Verfügung. Er ist fokussiert und allzeit bereit, er traut seinen Instinkten und schult seine Wahrnehmung.

DER DIENER

Der Diener dient, er dient mit Demut, Hingabe und mit Liebe. Es ist seine Berufung.

DER KÖNIG / DIE KÖNIGIN

Der König herrscht, er beschützt sein Volk, ist gerecht und dient dem Wohle seines Volkes. Er kann befehlen, den Krieger in den Krieg schicken, um die Grenzen zu wahren. Er urteilt, verurteilt, begnadigt und ist gerecht.

DIE HURE

Die Hure dient der Lust, sie stellt sich zur Verfügung für die Sexualität, sie ist die Lust und Hingabe.

DER LIEBENDE / DIE LIEBENDE

Der Liebende ist die Liebe, die Hingabe, die Poesie und das Loslassen und das Festhalten, der Liebende hält nur fest, wenn es gebraucht wird, der Liebende ist frei. Er spürt sich ganz und hat alle Anteile des inneren Kindes zur Verfügung.

GOTT

Ist das Jetzt, der Atem, das Nichts, der Augenblick, das Sein, alles, was ist, ist Eins.

ANNEHMEN, WAS IST

Wir alle haben schon auf die ein oder andere Art Leid erfahren. Wir alle waren schon einmal traurig, wütend oder enttäuscht. Was die meisten Menschen gemeinsam haben, die meinen Weg kreuzen, ist, sich diese Gefühle nicht zu gönnen. Wir haben schlichtweg nicht gelernt auch diese Gefühle in uns zu akzeptieren und ihnen Raum zu geben. Schlimmer noch, heute werden diese Gefühle oft mit Krankheit assoziiert.

Möglicherweise liegt dafür die Ursache darin, dass uns die Vorbilder dafür abhanden gekommen sind. Unsere Eltern haben sich möglicherweise auch schon nicht gegönnt, ihren Gefühlen Raum zu geben. Und da wir von unseren Vorfahren lernen, gab es dafür kein gelebtes Vorbild.

Und selbst wenn es die gab, wurden sie meistens mit negativen Ausdrücken belegt wie: Du Weichei, stell dich nicht so an, Heulsuse etc.

In der Zeit, als es noch Zeit für Rituale gab, gab es festgelegte Trauerzeiten, es gab Raum oder Kanalisationsmöglichkeiten für Wut oder Angst.

All das fehlt heute und damit werden oft all diese Emotionen unterdrückt, einfach weggepackt.

Und wenn sie sich dann mal zeigen, weil der Eimer der Emotionen inzwischen voll ist, kommt es zu ganzen Vulkanausbrüchen. Selbst dabei erlebe ich immer wieder tausendfache Entschuldigungen, Erklärungen, wieder den Versuch, es zu unterdrücken.

Wir verbinden diese Gefühle auch meistens mit längst vergangenen Geschehnissen aus der Vergangenheit. Wir sind mit den Gedanken, auch wenn das Gefühl durchaus im Jetzt erlebbar ist, in der Vergangenheit.

„Das war so schlimm ..., es hat so wehgetan, es war so ungerecht" etc.

Könnten wir auch mit den Gedanken im Jetzt ankommen, wäre der ganze Stress, der damit verbunden ist, einfach weg. Der Schmerz, die Emotion wäre zwar noch da, aber real fühlbar und erfahrbar. Es wäre einfach eine Emotion. Und Emotionen sind veränderbar, so wie das Wetter. Wir wären nicht mehr ausgeliefert, weniger Stress.

Wir würden die Gefühle akzeptieren, wenn sie kommen, sie dürften da sein, könnten auch wieder gehen.

Der Kopf würde das Vergangene loslassen, es würde da sein, wo es ist, nämlich vergangen.

Das Vergangene ist nicht mehr änderbar, es war einmal.

In manchen Therapieformen wird gar nicht mehr in die Vergangenheit geschaut, da sie nicht veränderbar ist, der Klient hat sich schon viel zu lange im Leid aufgehalten, die Zukunft ist veränderbar, also wird an dieser gearbeitet.

Ich finde den Ansatz gut, habe aber immer wieder die Erfahrung gemacht, dass das Leid gewürdigt werden muss. Bei mir in den Therapiestunden erlebe ich immer wieder, dass Patienten ihre Zeit der Würdigung brauchen, bevor ich überhaupt anfangen kann zu arbeiten. Fange ich zu früh an, kommen oft Aussagen wie: „Ja, aber das war doch so schlimm, ich hatte es doch so schwer" etc. Und das war es ja auch, es ist einfach zu würdigen, wie lange manche Menschen im Leid waren, egal wie lang diese Spanne auch in Zeit gemessen wird, Leid bleibt Leid.

Ich nehme mir die Zeit dafür. In der Aufstellungsarbeit gilt das Gleiche, es gibt immer genug Raum für Emotionen.

Nur wenn ich merke, dass jemand daran festhalten will, dann greife ich ein und frage:

„Willst du daran festhalten, für mich ist das okay, du darfst die Entscheidung treffen, die sich für dich gut anfühlt."

Wenn dann jemand sagt: „Ja", dann höre ich tatsächlich an dieser Stelle auf, dann kann es hilfreicher sein, die Aufstellung abzubrechen oder eine Pause einzulegen und den Klienten darin verhaftet zu lassen, nur diesmal bewusst.

Er übernimmt dabei die Verantwortung, im Leid zu bleiben, da ist keiner mehr im Außen, der das tut.

In den meisten Fällen kommen sie sehr schnell zurück und wollen aus dem Leid wieder raus.

Das mache ich allerdings nur mit Patienten, die bei mir in Therapie oder Beratung sind, alles andere würde ich für fahrlässig halten.

Wenn wir gelernt haben, unsere Emotionen und Gefühle wieder zu leben, ihnen Raum zu geben, dann sind wir Handelnde, wir sind nicht mehr ausgeliefert oder fühlen uns so.

Alles darf sein, und alles kann auch jeden Moment neu erschaffen werden, wenn wir wissen, wie es geht.

SELBST VERZEIHEN

Auch wenn ich selbst nicht mehr an das Konzept von Schuld glaube, ist es doch ein immer wieder stark vertretenes Thema in der Aufstellungsarbeit.

Ein wichtiger Bestandteil dabei ist das Verzeihen.

In den meisten Aufstellungen lässt sich schon dadurch Bewegung in die Arbeit bringen, indem ich eins der beiden Aspekte hineinstelle.

Wenn sich jemand mit dem Verzeihen ausgesöhnt hat, ist es viel einfacher zu arbeiten. Es gibt keine Schuldzuweisungen mehr.

Akzeptanz tritt ein. Auch hier wird dann endlich wieder im Jetzt angekommen.

Sich selbst zu verzeihen scheint immer wieder eine der größten Herausforderungen zu sein.

Zuerst lieben die Kinder ihre Eltern. Nach einer gewissen Zeit fällen sie ihr Urteil über sie. Und selten, wenn überhaupt, verzeihen sie ihnen.

OSCAR WILDE

DEMUT

Die Achtung vor dem Leben und jeden Morgen einen neuen Tag geschenkt bekommen zu haben, ist ein Ritual, das wir in der Regel nur dann leben, wenn wir den Zeitpunkt unseres Todes bereits kennen oder wir sehr schwer krank sind.

Der Begriff Demut erscheint fast ein wenig überaltert und doch ist er so wichtig. Wieder die kleinen Dinge schätzen lernen, das Lächeln, die Dankbarkeit wieder pflegen, scheint in einer Konsumgesellschaft wie der unseren seltener geworden zu sein.

Mich hat die Aufstellungsarbeit demütig gemacht. Ich habe großes Leid gesehen, habe aber auch großes Leid zu überwinden erleben dürfen.

Ich durfte Teil von kleinen und großen Wundern sein.

Nur noch in der Sterbebegleitung habe ich solch eine Echtheit bisher erfahren dürfen.

Für Klienten in der Aufstellungsarbeit die Demut hineinzustellen, bewirkt oft eine Art Entspannung, Ruhe darf einkehren. Die kleinen Dinge werden wieder erkannt und geschätzt.

Sünde mit Demut verbunden ist besser als Tugend ohne Demut.
AUGUSTINUS AURELIUS

LÖSUNGS- UND ZIELSÄTZE

Zielsätze, die das Ziel vorgeben, werden meistens im Vorgespräch erarbeitet. Es ist unser Auftrag, dahin soll es gehen.

Zielsätze, die am Anfang des Gespräches ermittelt werden, werden geübt und sollten immer in der „Jetzt"-Form formuliert werden und immer positiv. Viele wissen, was sie nicht möchten, ich möchte nicht mehr allein sein. Oder ich wünsche mir einen Partner, ja dann wünsche mal noch ein bisschen.

Der Zielsatz soll bereits erreicht sein, ich habe einen Partner, sogar einen der mich jetzt gerade glücklich macht. Das ist erfahrbar.

Zu vermeiden sind Wörter wie: nicht, zu-..., Wahnsinn, un... (-glaub-lich); das Unterbewusste nimmt immer wörtlich und niemand möchte doch dem Wahn einen Sinn geben.

Lösungssätze sind für das Lösen von Bindungen, Versprechen und auch Rangfolgen hilfreich.

Lösungssätze können Sätze sein, die in der Aufstellung zwischen zwei Menschen ausgetauscht werden, um Frieden einkehren zu lassen oder Emotionen Ausdruck zu verleihen.

Sie werden meistens als sehr heilsam erfahren.

BEISPIEL

Ich nehme dich liebend an und glaube nun, dass du dein „Bestes" gegeben hast. Dafür danke ich dir.

Worte wie „nicht" und „Verneinungen" werden genau wie bei Zielsätzen vermieden. Es ist so, als wenn wir mit einem kleinen Kind reden, sage ich dem: „Fall nicht die Treppe herunter", versteht es: „Fall bitte die Treppe herunter." Eine bessere Formulierung wäre daher: „Sei bitte vorsichtig!"

Diskussionen werden vermieden, es soll keine kognitive Auseinandersetzung sein, sondern es soll ein Raum für Emotionen und deren Ausdruck geschaffen werden.

Natürlich können wir auch ohne Personen zu stellen in den gleichen Prozess kommen, eine schöne Übung dazu:

ÜBUNG

VERSTÄNDNIS FÜR DAS LEBEN DER ELTERN FINDEN
Schaue dir deine Eltern in deiner Vorstellung an.

Schaue sie dir an, als würdest du ihnen heute als die Personen, die sie jetzt gerade sind, das erste Mal begegnen.
Sei dabei neugierig und entdecke in ihren Gesichtern oder ihrer Haltung die Lebensgeschichte deiner Eltern.
Als deine Mutter oder dein Vater Kinder waren, was für Möglichkeiten hatten sie in ihrer Zeit?
Wie geht es dir, wenn du so auf deine Eltern schaust?
Als deine Mutter oder dein Vater im Alter von Mitte 20 waren, was für Möglichkeiten hatten sie in ihrer Zeit?
Wie geht es dir, wenn du so auf deine Eltern schaust?
Als deine Mutter oder dein Vater in deinem Alter waren, was für Möglichkeiten hatten sie in ihrer Zeit?
Wie geht es dir, wenn du so auf deine Eltern schaust?
Was an Schwerem haben deine Eltern bisher erlebt?
Wie geht es dir, wenn du so auf deine Eltern schaust?
Auch während einer Aufstellung können solche Übungen sehr hilfreich sein.
Bei Lösungssätzen geht es um Heilung oder auch Trennung, hier einige Beispiele aus der Praxis

LÖSUNGSSÄTZE FÜR ELTERN

Dass ich dich als Kind verletzt habe, hatte nichts mit dir zu tun.

Ich habe dich nicht wirklich gesehen ...

Ich bedaure das und es tut mir leid ...

Was ich dir geben konnte, habe ich dir gegeben ...

Ich habe mein Bestes gegeben, auch wenn das wechselhaft war.

Ich habe dir zu jedem Zeitpunkt das mir zu dieser Zeit Möglichste gegeben.

Ich bin deine Mutter / dein Vater – du bist das KIND.

Du bist dir bestimmt manchmal recht groß vorgekommen, das ändert nichts daran, dass du das Kind bist und bleibst, ab jetzt übernehmen wir wieder die Verantwortung.

Ich achte dich als das, was du bist, mein Kind.

Ich trage es für dich mit ...

Du achtest mich, wenn du mir meine Verantwortung / Last lässt.

LÖSUNGSSÄTZE ALS KIND

Du hast wegen mir als Kind auf vieles verzichtet und mir im Laufe meiner Kindheit und Jugend enorm viel gegeben. Dafür danke ich dir.

Du hast mich neun Monate in deinem Bauch getragen, du hast mich unter Schmerzen auf die Welt gebracht, mit dem Risiko, dabei zu sterben.

Das Leben ist durch dich zu mir gekommen.

Danke für das größte Geschenk, mein Leben ...

Du hast mich gezeugt, danke ...

Ich nehme das an, was ihr mir geschenkt habt ...

Es ist sehr viel und ich weiß, dass ihr euer Bestes gegeben habt.

Ich gehe den Rest des Weges jetzt selbstverantwortlich.

Ich werde es anders machen und darf über euch hinauswachsen.

Ich sehe deine Liebe und achte sie.
Ich achte euch.
Ich bin mit euch verbunden.
Was ich nicht von euch bekommen habe, nehme ich dankbar von anderen an.
Ich bin das Kind.
Ich lasse es euch ... Was zwischen euch ist, lasse ich euch (Eheprobleme etc.). Ich erlaube mir, meine Erfahrungen zu machen.

HILFREICHE BÜCHER

Gerald Hüther:
Bedienungsanleitung für ein menschliches Gehirn

Gerald Hüther:
Was wir sind und was wir sein könnten

Gunther Schmidt:
Liebesaffären zwischen Problem und Lösung. Hypnosystemisches Arbeiten in schwierigen Kontexten

Gunther Schmidt:
Einführung in die hypnosystemische Therapie und Beratung

Robert B. Dilts, Tim Hallbom, Suzi Smith:
Identität, Glaubenssysteme und Gesundheit

Robert B. Dilts:
Die Veränderung von Glaubenssystemen: NLP-Glaubensarbeit

C.G. Jung:
Die Archetypen und das kollektive Unbewußte

Gustave Le Bon:
Psychologie der Massen

Richard Bandler:
Veränderung des subjektiven Erlebens: Fortgeschrittene Methoden des NLP

Virginia Satir:
Mein Weg zu dir

Dr. Jill B. Taylor:
Mit einem Schlag - Wie eine Hirnforscherin durch ihren Schlaganfall neue Dimensionen des Bewusstseins entdeckt

Neale Donald Walsch:
Ich bin das Licht - Eine kleine Seele spricht mit Gott